Helmut Ackermann
Joachim Neander

Helmut Ackermann

Joachim Neander

Sein Leben · Seine Lieder · Sein Tal

mit einem Beitrag von
Oskar Gottlieb Blarr

Grupello

Das Auge liest mit – schöne Bücher für kluge Leser
Besuchen Sie uns im Internet unter:
www.grupello.de

Helmut Ackermann, geboren 1927 in Euskirchen, aufgewachsen in (Duisburg-) Homberg. Mit 15 Jahren Luftwaffenhelfer, mit 17 Jahren Kriegsgefangener in Frankreich bis 1947. Abitur 1948 am Gymnasium Adolfinum in Moers. Von 1959 bis 1989 Pfarrer in Düsseldorf-Urdenbach, zuletzt Superintendent des Kirchenkreises Düsseldorf-Süd. Kirchengeschichtliche Bücher u. a. »Düsseldorf-Urdenbach, Geschichte der evangelischen Gemeinde und des Ortes« (1992/1993, 576 Seiten), »Geschichte der evangelischen Gemeinde Düsseldorf« (1996, 556 Seiten) und »Ich bin krank gewesen … Das Evangelische Krankenhaus Düsseldorf 1849-1999« (1999, 235 Seiten).

1. Auflage 1997
2. Auflage 2000
3. veränderte und erweiterte Auflage 2005

© by Grupello Verlag
Schwerinstr. 55 · 40476 Düsseldorf
Tel.: 0211-498 10 10 · E-Mail: grupello@grupello.de
Druck: Müller · Satz & Repro, Grevenbroich
Alle Rechte vorbehalten

ISBN 3-89978-029-9

Inhalt

Vorwort 7

Sein Leben 9

Bremen 1650 bis 1671 9
Heidelberg und Frankfurt 1671 bis 1674 21
Düsseldorf 1674 bis 1679 25
Bremen 1679 bis 1680 40

Seine Lieder 45

Der Bahnbrecher 45
»Lobe den Herren« 53
Bertolt Brecht contra Joachim Neander 71
Vielfalt des Lobpreises 77

Sein Tal 87

Das Gesteins 87
Der neue Name 94
Der Neanderthaler 102

Oskar Gottlieb Blarr
»Lobe den Herren« in der Musikgeschichte 108

Quellen und Anmerkungen 112
Abbildungsnachweis 119

Joachim Neander. Lithographie nach einem im 19. Jahrhundert entdeckten und wieder verschollenen Ölgemälde mit den Wahlsprüchen: »Unerschütterlich in dem Herrn« (1. Kor. 15,58) und »Weder Lob noch Lüge«.

Vorwort zur 3. Auflage

Seit der Erstauflage 1980 – nach Verlagswechsel erscheint nun die insgesamt fünfte – ist eine Reihe neuer Arbeiten über Neander erschienen: Hanns-Joachim Maßner edierte 1980ff die Düsseldorfer Consistorial-Protokolle aus der fraglichen Zeit und veröffentlichte 1981 einen Beitrag über »Joachim Neander als Rektor der Lateinschule Düsseldorf«. Dr. Rudolf Mohr schrieb 1984 einen Aufsatz über »Joachim Neanders Frömmigkeit« und gab 2002 unter den »Kleinen Texten des Pietismus« (Band 4) Neanders »Einfältige Bundeslieder und Dankpsalmen« heraus. Professor Oskar Gottlieb Blarr, der mit seinem Beitrag »›Lobe den Herren‹ in der Musikgeschichte« auch diese Auflage bereichert (S. 108), veröffentlichte 1984 Neanders »Bundeslieder und Dankpsalmen« von 1680 mit ausgesetztem Generalbaß und hielt Vorträge über den Dichter und seine Zeit, unter denen der im Bremer Dom am 31. Oktober 2000 »Lobe den Herren – Immer noch? Wie lange noch?« besonders zu erwähnen ist. Auch kam 1981 ein Auszug aus meinem am 31. Mai 1980 (Neanders 300. Todestag) in der Düsseldorfer Neanderkirche gehaltenen Vortrag »Joachim Neander, ein Streifzug durch sein Leben und seine Zeit« über seine Metrik unter dem Titel »Joachim Neander und der Daktylus« heraus.

Aus dieser ersten Zeit ist auch Kurioses zu berichten: Daß Funde nach ihren Fundorten benannt werden und nicht umgekehrt, weiß eigentlich jedermann. Niemand käme auf den Gedanken, die Stadt Heidelberg habe ihren Namen vom homo heidelbergensis, Peking vom Pekingmenschen usw. Man mache die Probe aufs Exempel: Beim Neanderthaler glaubt man's nicht selten anders. Erzählte mir die Dame an der Kasse des alten Neanderthalmuseums, wie ein ganz auf den Vorzeitmenschen fixierter Besucher mein dort angebotenes Neanderbuch in der Hand hält und kopfschüttelnd sagt: »Woher will der (Autor) denn wissen, daß der Joachim geheißen hat?«

Freilich ist der Neanderthaler weltberühmt. Aber Joachim Neander, nach dem er benannt ist, war es schon vor dem Knochenfund von 1856. Beide zu unterscheiden und trotzdem ihren Zusammenhang zu sehen, wird dem aufmerksamen Leser klar werden, denn der Kirchenliederdichter hat wie kaum ein anderer Gottes Lob in der Schöpfung gesungen, auf deren Weg – der Evolution, theologisch ausgedrückt: der creatio continua – der Neanderthaler ein wichtiges Glied ist, wie im neuen Neanderthal-Museum eindrucksvoll demonstriert wird.

Die Einweihung dieses Museums am 10. Oktober 1996 in Anwesenheit von Bundespräsident Roman Herzog und Ministerpräsident Johannes Rau sowie die Einführung des neuen Evangelischen Gesangbuches (EG) wenige Wochen später waren nur einige Anlässe zu Verbesserungen und Ergänzungen in den bisherigen Auflagen. Nun ist ein neues Kapitel eingefügt über »Bert Brecht contra Joachim Neander«. Die mehrsprachigen Versionen von »Lobe den Herren« sind mit einer estnischen, einer norwegischen, einer friesischen und einer kroatischen auf die Anzahl von 35 gewachsen (Seite 59).

Joachim Neander hat in den 30 Jahren seines Erdendaseins keine berufliche Karriere gemacht. Der studierte Theologe ist nie Pfarrer geworden. Er wurde nicht einmal ordiniert. Unter diesem Gesichtspunkt könnte sein Leben sogar als unvollendet bezeichnet werden. Aber vielleicht leuchtet deshalb das Lob Gottes umso stärker hervor, das der junge Dichter so bewegend gesungen hat. Er hat eben nicht nur schöne Gedichte machen und Musik dazu schreiben, sondern diese auch aus tiefem Glauben heraus weitertragen wollen. Was sein erster Biograph Henrich Reitz 1716 über Neander schreibt, spüren wir seinem Lebenswerk an: »Ueberall bewieß er, daß er ein gebohrner und wiedergebohrner Musicus wäre.«

Düsseldorf 2005, im 325. Jahr nach Neanders Tod
Helmut Ackermann

Sein Leben

Bremen 1650 bis 1671

Hinter dieser Wolfsgrube kommen wir auf den Neanderstuhl. Hier saß beiläufig vor drei Jahrhunderten Joachim Neander, ein alter Deutscher Dichter und Vertheidiger der Reformation und sang, begeistert von der schönen Natur, Lieder zum Lobe Gottes.«[1] Diese Beschreibung eines Wanderweges durch das Neandertal in einem Wanderführer des Hofrats Dr. med. Johann Heinrich Bongard aus dem Jahre 1835 läßt hinsichtlich der Zeitangabe eine Verlegenheit zutage treten: Joachim Neanders genaues Geburtsdatum ist nicht bekannt. Sein Altersgenosse, Freund und erster Biograph Johann Henrich Reitz – die zuverlässigste Quelle für des Dichters Lebenslauf – setzt für Neanders Geburtsdatum fünf Pünktchen ein: »Er war gebohren zu

Bremen von ..... Und daselbst ist er auch in die Schulen gegangen.«[2] Bongard datiert das Leben des 1650 geborenen Dichters des Liedes »Lobe den Herren, den mächtigen König der Ehren« sogar um 120 Jahre zurück in die Reformationszeit. Damals aber lebte erst sein Ur-Urgroßvater Joachim Neumann, plattdeutsch Niemann oder Niggemann, im mecklenburgischen Wismar. Luthers Freund und Mitarbeiter Philipp Melanchthon nennt seinen Namen in einem Empfehlungsschreiben vom 1. Mai 1551 an den Rat in Stade, wo man einen Mann mit wissenschaftlichen Fähigkeiten und praktischen Erfahrungen sucht:[3]

> Wir haben beschlossen, diesen ehrenhaften und gelehrten Mann namens Joachim Neumann, aus Wismar gebürtig, dir zuzusenden, welchen wir wegen seiner vielen ausgezeichneten Gaben für geschickt halten, das Regiment über eine so zahlreiche Kirche zu führen. Er ist in allen sei-

nen Handlungen gemäßigt, von keuschen und reinen Sitten. Auch ist er bereits Hausvater und hat hieselbst Beweise seiner Kenntnisse und Rechtschaffenheit gegeben. Er unterweist andere mit Treue und erträgt seine ärmliche Lage mit Ergebung. Seine Gelehrsamkeit ist ausgezeichnet, und durch seine Klugheit und Beredsamkeit wird er eine Zierde des Amtes werden können. Ich weiß, daß du, als ein geschickter Menschenkenner, diesen Mann für geeignet halten wirst, sobald du einige Tage lang im Umgange seine Anlagen, seine Sitten und sein gediegenes Urteil wirst beobachtet haben.[4]

Tatsächlich wird Joachim Neumann 1555 Prediger an der Pankratiuskirche in Stade und Superintendent des Kirchenkreises. Seinem erstgeborenen Sohn – so schreibt es die Familientradition vor – gibt er seinen eigenen Vornamen: Joachim (aus dem Hebräischen: »den Gott aufrichtet«). Dieser Urgroßvater des Dichters wird 1582 Prediger an der Cosmä- und Damianikirche in Stade. Sein Sohn, der dritte Joachim Neumann, Großvater des Dichters, nimmt nach der Sitte der Zeit den griechischen Namen Neander für Neumann an. Anders als seine lutherischen Vorfahren wird er reformierter Prediger, zuerst in Lengerich im Tecklenburgischen und dann 1633 in der Grafschaft Bentheim. Er stirbt 1651 als Prediger in Lochem bei Zutphen in Holland. Sein Sohn Johann Joachim Neander, der Vater des Dichters, ergreift den Lehrerberuf und siedelt nach Bremen über, wo er am sogenannten Pädagogium, der Vorschule der Universität, seine Wirksamkeit beginnt. Als er im Februar 1666 stirbt, verfaßt ein Lehrerkollege die »Hertzinnigliche Trauerklage Vber die zwar unverhoffte aber doch sehlige Abreise zu der Himmels=Schule/ Da der Ehrwürdige Vorachtbare und Wolgelahrter Herr Johannes Joachimus Neander/ Eines Hochweisen Raths der weitberühmten Keiser=Freyen=Reichs=Ansee=Kauff=und Handelstatt Bremen am Gymnasio der dritten Klassen treufleissiger Schul=College Tods verblichen«[5]. Von seiner Emsigkeit und Beliebtheit zeugt zum einen »Der dritten Klaß am Bremer Gymnasio Klage= und Bitt=Ode« mit den Zeilen

> Heut ist es klagens Zeit
> Ihr kleinen zarten Hertzen!
> Wem bringet wol nicht Schmertzen
> Dieß grosse Jammer=Leid!
> Heut wird zu Grab getragen
> Der euch hat recht und fein
> Ach! noch vor wenig Tagen
> Die Kunst geflösset ein ...

Zum andern stellt die von seinem Kollegen gedrechselte, der Trauerklage beigefügte Grabinschrift die Verdienste des Heimgegangenen heraus:

Hie ruht Neander, der die liebe Bremer Jugend
Hat in die dreyssig Jahr beehrt mit Kunst und Tugend
   In steter Gottesfurcht sampt wahrer Frömmigkeit;
   Im lehren war Er treu; es war seins Hertzens Freud
Und seiner Seelen Lust, wann Er kont artig sehen
Hie seine Musen=Söhn mit Freuden bey ihm stehen
   Mit ihrer Lection. Als er gelebet hat
   Hie zwey und fünfftzig Jahr, ward er im Leben matt.
Hie ruhet sanfft der Leib, die Seel ist abgeflogen
Zum Himmel; Leser machs, daß dir Gott stets gewogen.[6]

Seine erste Ehe mit einer Pfarrerswitwe, die 1648 starb, blieb kinderlos. Die zweite Ehe schloß er am 18. September 1649 mit Katharina Knipping, Tochter des »Ehren Kantors« und »Musicregierers« Christoph Knipping, der gleichfalls als Lehrer am Bremer Pädagogium wirkte. Aus der Ehe gingen vier Kinder hervor. Das älteste war der Liederdichter Joachim Neander. Im Taufbuch seiner Heimatgemeinde finden sich von 1646 bis 1650 keine Eintragungen. So ist sein genaues Geburtsdatum nicht bekannt. Aber da schon 1651 die Eintragungen wieder vollständig sind, Joachim Neanders Name in diesem Jahr jedoch nicht erscheint, andererseits 1652 sein Bruder Christoph eingetragen ist und schließlich in der »Herzinniglichen Trauerklage« für seinen Vater am 20. Februar 1666 Joachim als erstgeborener Sohn genannt wird, kommt nur 1650 als Geburtsjahr Joachim Neanders in Frage.[7]

Er besuchte das Pädagogium und wechselte nach dem Tode des Vaters als 16jähriger zur Bremer Universität, »gymnasium illustre« genannt, wo er Theologie studierte. Seinen Namen trug er selbst am 25. Oktober 1666 in das Studenten-Album ein.[8] In der Person des Coccejaners Gerhard Meier (1616-1695) lernte er hier die Bundestheologie kennen, die zu dieser Zeit im Reformiertentum eine überragende Bedeutung gewann. Diese »Föderaltheologie« ging zurück auf Johannes Koch (lat. Coccejus) aus Bremen (1603-1669), der sie aus Ansätzen bei Melanchthon, Butzer und Calvin als Theologieprofessor in Leiden (Holland) ausbaute. Ihr Merkmal ist, daß die christliche Lehre nicht wie bisher üblich nach einzelnen Artikeln, den sogenannten loci wie Glaube, Rechtfertigung, Heiligung, Sünde, Kirche, sondern nach den biblischen Bundschließungen entwickelt und eingeteilt wird. Die ganze Heilsgeschichte, so Coccejus, sei eine Kette von Bünden. Den ersten Bund (Bund der Werke oder der Natur) habe Gott mit dem Menschen vor dem Sündenfall geschlossen. Durch den Fall sei er zerstört, denn der Mensch habe die geforderten guten Werke nicht getan. Es folgen weitere Stationen des Bundes über Noah, die Erzväter und Moses bis zum Neuen Testament, wo der Gnadenbund durch Christi Blut geschlossen wird.

Mit dieser Theologie kam ein wenig Bewegung in die starre Alleinherrschaft der reformierten Orthodoxie, zumal eine neue Wertschätzung des schlichten Bibelwortes mit ihr verbunden war. Die orthodoxen

Theologen hatten zuletzt die Bibel nur noch als Nachschlagewerk benutzt, um Beweisstellen (dicta probantia) für ihr festgefügtes, unveränderliches Lehrgebäude herauszuholen. Coccejus Ansatz aber war neu und vorurteilsfrei. Henrich Reitz schreibt: Es »war Cocceji gantzes Werck, die heilige Schrifft zu durchforschen und auf keine einige menschliche Autorität zu bauen […] oder […] die Traditivam [das Überlieferte] hin zur Bibel zu bringen und sie alsdann durch diesen Brill zu lesen; sondern unterm Gebät und GOttes Erleuchtung die Wahrheit zu suchen und zu finden«[9].

Wie später an den Universitäten die Coccejaner im Fach Bibelauslegung dominierten, so blieb auch Neander Zeit seines Lebens von der Föderaltheologie beeinflußt. Seine Lieder sprechen immer wieder vom »Bundesgott«, den »Bundesgenossen« und der »Bundestreue«, wie er auch sein Gesangbuch mit dem Titel »Bundeslieder und Dankpsalmen« versehen hat.

Zunächst ist freilich bei ihm davon nichts zu spüren. Im Gegenteil scheint er die ersten vier Jahre seines Studiums ohne innere Überzeugung absolviert zu haben. Reitz schildert diese Zeit so: »Seine Studentenjahre brachte er nach der gemeinen Weise zu, d. i. in Eitelkeit des Sinnes, in Unandacht gegen GOtt und sein Wort und in Haß gegen die, so man heterodoxen oder Irrgläubigen nennet und in Liebe zu den Lüsten der Jugend und in thörichten divertissementen [Zeitvertreib] und in blosem Gesuch der aufblähenden, falsch-berühmten Wissenschafft und Erkenntniß, welche das Antichristische Weibe als einen schönen und nöthigen Schmuck den Jünglingen in vielen glatten Worten anpreiset.«[10] Auch Neander selbst bekennt in einem späteren Lied über seine wenig ernsthafte Studentenzeit in Anlehnung an Psalm 25,7 (»Gedenke nicht der Sünden meiner Jugend und meiner Übertretungen …«):

> Wenn ich betrübt zurück gedenk
> An meiner Kindheit Jahre;
>   Alsbald ich mich aufrichtig känk
> Daß ich so eitel ware.
>   Ich lief mit großem Unverstand
>   Dein Wille war mir unbekannt
>   Das Böse wußt' ich allzu wohl
>   Ganz blind und toll
>   Macht' ich das Maß der Sünden voll!
>
>   Mit Jahren wurd die Sünde groß
> Brach aus gleich Wasserfluten
>   Gleich wie ein Pferd, das Zäume-loß
> Nichts achtet Spohr und Ruten!
>   In Hoffart, Neid und Üppigkeit
>   Wild und unbändig jederzeit
>   Unreine Hertzens-Lust mich trieb
>   Von deiner Lieb;
>   O HErr, die Schulden mir vergieb!

Mitnichten ist aus diesen Zeilen zu schließen, daß Joachim Neander ein Luftikus und Schwerenöter gewesen sei. Die Elle, mit der der Dichter sich später mißt, ist vielmehr sein pietistisches Ideal, dem bürgerliche Anständigkeit nicht genügt[11] und das manche nach heutigen Vorstellungen harmlose Freude zu den »Eitelkeiten« zählt, die streng zu meiden sind. Von daher mag er seine Vergangenheit als eine vergeudete Jugend angesehen haben, aber er war sicher ein ganz normaler junger Mann, der nicht aus dem Rahmen fiel. Allerdings ist leicht vorzustellen, daß er bei seinem hohen musikalischen Talent im Mittelpunkt seiner Studienkollegen gestanden haben wird und bei keiner Feier vermißt werden wollte. Ein Zeugnis für diese musische Begabung, wohl von seinem Großvater mütterlicherseits vererbt, tritt schon im Alter von 19 Jahren bei einem festlichen Anlaß zutage. Da schreibt er Hochzeitsgedichte[12] mit dem Titel

Elementarische Heirahts Fackel/
Auff das Hochzeitliche Eh= Ehr und Freuden=Fest
Des
Ehrenvesten/ Vorachtbahren und Wollfürnehmen

Herrn Dirikus Düsing/
Dieser Kayserl. Freyen-Reichs- und weltberühmten Statt Bremen
Kauff- und Handels Herren/ nach GOttes
Versehung Ehren-Bräutigambs/
Wie auch
Der so woll mit Seel- als Leibes Tugenden beseligten
Jungfr.:

J. Catharina/
Des WollEhrenvesten/ Großachtbahren und Wollfürnehmen
H. Diederich Köpers/ vorbemeldter Statt Bremen
hochansehnlichen Herrn Eltermann/[13]
wie auch vornehmen Kauff- und Handels Herrn
hertzvielgeliebten Tochter/ nach des Höchsten
Schickung J. Ehren-Braut/
Vollzogen den 11. und 12. Maji im Jahr 1669.
Angezündet
Von
JOACHIMUS NEANDER ST.[14]
Bremen/ Gedruckt bey Herman Brauer/[15]
des löblichen Gymnasii Buchtrucker/
Im Jahr 1669.

Es ist anzunehmen, daß Neander die Gedichte auf der Hochzeit selbst deklamiert oder mit eigener Lautenbegleitung gesungen hat. Sie verraten schon etwas von seiner ausgesprochen künstlerischen Ader und zeugen von jugendlicher Frische und Originalität, etwa wenn er die Nachtigall lautmalerisch »Glück! Glück! Glück!« rufen läßt oder das Wasser auffordert, für die Festtafel »niedliche Bissen« zu geben, nämlich Fische, an denen Bremen gewiß nicht arm war. Die entzückende französische Sprechmotette stellt zudem beachtliche Sprachkenntnisse unter Beweis. Sich in einer Fremdsprache mit Humor auszudrücken, gilt nicht zu unrecht als Zeugnis dafür, daß man in dieser Sprache zu Hause ist. Bezaubernd, wie der Bräutigam seine Braut als »teure Hälfte, die beste der Welt« anredet. Charmant, wie die Braut sagt: »Sans vous je ne suis rien« (Ohne Euch bin ich nichts) und der Bräutigam antwortet »Sans vous je n'ai rien« (Ohne Euch hab ich nichts).

 Feurige Funcken beschwärtzeter Nächte
 Blinckende Sterne / die niemand bewegte
  Last euch bewegen / daß Titan* mach mehren
  Dreymahl fünff Stunden / der Hochzeit zu Ehren!
 Lufftige Winde / bekühlet den Meyen**
 Kühlet erhitzte Seelen der Zweyen
  Und du / O Nachtigal / Wunder im Singen
  Lasse dein Glück! Glück! Glück! lieblicher klingen!
 Irdische Göttin / was hastu zu schencken
 Daß die verliebten auch deiner gedencken?
  Steht euch nicht gäntzlich mein Königreich offen?
  Brechet / und bindet / und schencket mit Hoffen!
 Wäßrige Tethys*** die scheumenden Wellen
 Lasse mit Brausen für Freuden auffschwellen
  Karpffen und Lächse laß bringen zu Tische
  Und der Anwesenden Magen erfrische!
 Funcklet derwegen Ihr Himlischen Kertzen!
 Kühlet ihr Winde der Liebenden Hertzen!
  Erde / zu krönen gib schöne Narcissen
  Wasser / zu speisen gib niedliche Bissen!
 Schließlich / O höchster Erhalter! der Dinge
 So du geschaffen / gib daß es gelinge
  Glücklich / den beiden vereinigten Seelen
  Die sich der Himlischen Gnade befehlen.

---

 * riesenhafter Gott der griechischen Mythologie
 ** die Hochzeit fand im Mai statt
 *** Meeresgöttin, Gattin des Peleus, Mutter des Achilles

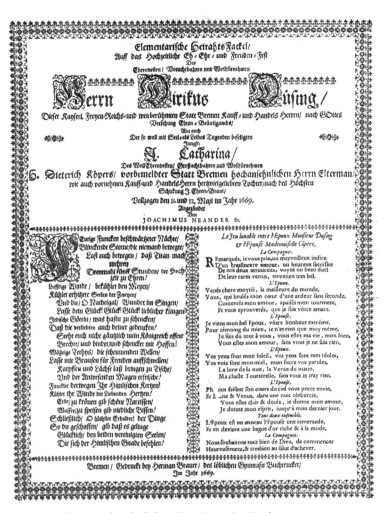

Hochzeitsgedichte Neanders, das früheste Zeugnis aus seiner Hand.

Le Jeu louable entre L'Epoux Monsieur Dusing
& l'Epouse Mademoiselle Côpers.

    La compagnie.
Remarqués, ie vous prie, un merveilleux indice
D'un tressincere amour, un heureux sacrifice
    De nos deux amoureux, voyez un beau duel
    De leur rares vertus, entretien tres bel.
    L'Epoux.
Venés chere moytié, la meilleur du monde,
Vous, qui brulés mon coeur d'une ardeur sans seconde,
    Contentés mon amour, apaisés mon tourment,
    Et vous eprouverés, que je suis vôtre amant.
    L'Epouse.
Je viens mon bel Epoux, vôtre bonheur extréme,
Pour témoing du mien, ie n'ay rien que moy méme,
    Je suis du tout à vous, vous estes ma vie, mon bien,
    Vous estes mon amour, sans vous je ne suis rien.
    L'Epoux.
Vos yeux sont mon soleil, vos yeux sont mes idoles,
Vos voix sont mon miel, mon sucre vos paroles,
    La lune de la nuit, la Venus* du matin,
    Ma chaste Tourterelle, sans vous ie n'ay rien.
    L'Epouse.
Phoebus** faisant son cours du ciel vous porte envie,
Et Diane*** & Venus, dans une nuit obscurcie,
    Vous estes clair & doulx, ie donne mon amour,
    Je donne mon esprit, jusqu'à mon dernier jour.
    Tous deux ensemble.
L'Epoux est un anneau l'Epouse une esmeraude,
Et en devient une bague d'or riche & à la mode.
    La Compagnie.
Nous souhaitons tout bien de Dieu, de commencer
Heureusement, & tresbien au salut d'achever.

Die Übersetzung, nach Neanders Art im Daktylus, könnte so lauten:

---

* römische Göttin der Liebe
** »Der Strahlende«, Beiname des Apollo
*** römische Göttin der Jagd

Das löbliche Spiel zwischen dem Gatten, Herrn Düsing und der Gattin, Jungfrau Köpers.

    Die Gesellschaft.
Seht doch, ich bitt euch, ein wunderlich Zeichen
wahrhafter Liebe, die glückliche Gabe
   unserer Liebenden; sehet das Ringen
   achtbarer Tugend, euch allen zur Freude!
    Der Gatte.
Kommt, teure Hälfte, die beste der Erde,
die Ihr mein Herz brennt mit Glut ohnegleichen;
   still meine Liebe und löscht meine Qualen,
   dann sollt Ihr spüren, wie sehr ich Euch liebe!
    Die Gattin.
Schöner Gemahl, Euer höchstes Entzücken
weist mir das meine; denn was ich auch habe,
   ganz bin ich Euch, Ihr mein Gut und mein Leben,
   Ihr, meine Liebe, ohn' Euch bin ich nichts.
    Der Gatte.
Sonne sind mir Eure Augen und Abgott,
Honig die Stimme und Zucker die Rede,
   Mond in der Nacht und die Venus am Morgen,
   unschuldig Täubchen, ohn' Euch hab ich nichts.
    Die Gattin.
Phoebus, der Himmel durchzieht, Euch beglücke,
Venus, Diane*** in dämmrigen Nächten.
   Hell seid und sanft Ihr, ich geb meine Liebe,
   und mein Gemüt, bis mein Leben zu Ende.
    Beide zusammen.
Gatte ein Ring und Smaragd seine Gattin,
beide ein kostbarer Reif, etwas Neues.
    Die Gesellschaft.
Bestes wir wünschen von Gott, daß beginne
alles im Glück und im Heil sich vollende.

In den Gedichten fällt auf, daß der junge Studiosus, obschon jeweils am Ende ein kurzer Blick auf Gott geworfen wird, noch in der Welt lebt, die ihm von der humanistischen Bildung her eingepflanzt worden war. Mythologische Figuren und Götter spielen eine Rolle und werden, wenn auch nur zum Scherz, angerufen.

    Ein Jahr später, wir schreiben 1670, ändert sich das schlagartig. Neander ist 20 Jahre alt und am Ende seines Studiums angelangt, als der Prediger Theodor Undereyk (1635-1693) als »pastor primarius« an die Martini-Kirche zu Bremen berufen wird. Geboren in Duisburg als Sohn einer niederländischen Emigrantenfamilie,[16] ist er vom holländischen Pietismus geprägt, der gerade von dort auf Nord- und Westdeutschland überzugreifen beginnt, nachdem er in Holland als Reaktion auf die Erstarrung von Lehre und Glaubensleben des orthodoxen Reformiertentums aus asketischen und gesetzlichen Zügen des Calvinismus entstanden war. Auch die mystische Erbauungsliteratur vom Anfang des 17. Jahrhunderts hatte ihn gefördert.

Der Pietismus pflegte vor allem eine innerliche »Herzensfrömmigkeit« und deren Betätigung in guten Werken. Von der »Welt« und ihren Vergnügungen wie Tanz, Theater, Kartenspiel, weltlicher Lektüre usw. distanzierte er sich streng. Außerhalb des Gottesdienstes kamen die wirklich Erweckten zu privaten Erbauungsstunden zusammen, zu kleinen Konventen (=Konventikeln). In diesen »Zusammenkünften der Gottseligkeit«, wie sie in Deutschland genannt wurden, sollte in Gebet und liebevoller Eintracht eine lebendige, individuell vertiefte Frömmigkeit gepflegt werden. Der Pietismus beherrschte das kirchliche Leben in Deutschland vom Ende des 17. bis weit in das 18. Jahrhundert und spielte auch im 19. noch eine große Rolle. Wenn ihm auch manch egoistischer Zug nachgesagt wird, wie etwa der, des Pietisten Sorge gelte ausschließlich der eigenen Seligkeit, und gewisse biblizistische Neigungen in ihm unverkennbar sind, so hat er doch der evangelischen Kirche großen Segen gebracht. Er verhalf ihr nicht nur zur Überwindung der versteinerten Orthodoxie, zur Stärkung der Frömmigkeit unmittelbar vor dem eisigen Wind der Aufklärung und des Rationalismus, sondern belebte auch die Innere und Äußere Mission.

Aber in Holland stand nicht nur die Wiege des Pietismus, sondern auch seines ungeratenen Zwillingsbruders, des Labadismus, hinter dessen ebenso frommen Zügen sich ein recht bedenkliches Verhalten verbarg. Da war aus Südfrankreich über Genf ein ehemaliger Katholik und Jesuit namens Jean de Labadie nach Middelburg/Walcheren gekommen. Er war ein feuriger und gewaltiger Prediger. Angeblich geisterfüllt, war er getrieben von der Sehnsucht nach der wahren, reinen und vollkommenen Gemeinde, in der überhaupt keine unbekehrten, zögernden, zweifelnden oder suchenden Christen mehr sind. Wie schrecklich, daß solche ja sogar das Abendmahl nehmen dürfen! Wie sehr wird die Gemeinde durch sie verunreinigt! Wie nötig, daß man sich von diesen Weltkindern absondert! Ein Labadie-Anhänger: Keine Abendmahlszulassung für die Unbekehrten, die »beißenden Hunde, unreinen Schweine und toten Leichname«[17]. Ein anderer, Prediger in Baerl am Niederrhein, rief tatsächlich, als die Abendmahlsgäste im Gottesdienst zum Tisch des Herrn traten: »Ach, wieviele Hunde und Schweine«[18], weshalb – und weil er das Vaterunser, um es vor Entweihung zu bewahren, nicht mehr mit der Gemeinde beten wollte – er seines Amtes enthoben wurde. Folge dieses Denkens war, daß die pietistischen Zusammenkünfte, eigentlich zur Frömmigkeitsübung angetreten, unter Labadie zur Sezession pervertierten, in der sich die, die sich allein als wiedergeboren fühlten, schroff von den übrigen schieden. Es geschah, was geschehen mußte. Der Bruch mit der Kirche wurde 1668 vollzogen. Mit seiner seltsamen, zwischen 50 und 160 Mitgliedern zählenden Gemeinde, in der allerlei sektiererische Verklemmungen vorkamen, zog Labadie 1670

Chorraum von St. Martini in Bremen. Auf der Kanzel standen von 1670 bis 1693 Theodor Undereyk und von 1679 bis 1680 Joachim Neander.

– in dem Jahr, als Undereyk nach Bremen kam – nach Herford und 1672 nach Altona, wo er starb. Aber er hatte mit seinem Denken und Tun eine Bewegung ausgelöst, in der pietistische Konventikel zur Abspaltung von der normalen gottesdienstlichen Gemeinde neigten und sie nicht selten auch vollzogen. Daß damit der Kirche eine große Gefahr erwuchs, liegt auf der Hand. Der Labadismus wurde zum Schreckgespenst der auf Einheit und Zusammenhalt bedachten Presbyterien und Synoden. Wir werden sehen, wie dieses Problem in Neanders Düsseldorfer Zeit zu einem schweren Zerwürfnis zwischen ihm und der Gemeindeleitung führt.

Undereyk war zunächst acht Jahre in Mülheim/Ruhr tätig – Tersteegen nannte ihn später den »Reformator Mülheims« – und führte schon dort Konventikel ein, warnte allerdings davor, sich vom öffentlichen Gottesdienst zurückzuziehen. Gleichwohl erweckte das Konventikelwesen in Mülheim als erste Erscheinung dieser Art in Deutschland beträchtliches Aufsehen. Im Übrigen stand Undereyk der Bundestheologie nahe und bekannte in der Vorrede seiner Schrift »Halleluja« seine Neigung zu Coccejus mit den Worten, er habe »hin und her mit dessen Kalb gepflügt«.

Nach seiner Mülheimer Tätigkeit für kurze Zeit Hofprediger bei der Schwester des Großen Kurfürsten, der frommen Landgräfin Hedwig-Sophie von Hessen, in Kassel, wird Undereyk 1670 in das etwa 30.000 Einwohner zählende Bremen berufen. Das mußte zu Reibereien führen, denn eine wirtschaftliche Blütezeit der Stadt, die sogenannten »Goldenen Jahre« der Wende vom 16. zum 17. Jahrhundert, die 1625 in der Anlegung der Neustadt auf dem linken Weserufer und in der Anerkennung als Freie Reichsstadt im Jahr 1646 ihren Ausdruck fand, hatte zu einer Verweltlichung des christlichen Lebens beigetragen. Nun erscholl von der Kanzel von St. Martini der Ruf zur Umkehr. Undereyk konnte in seinen Predigten den Hörern buchstäblich die Hölle heiß machen. Er drang auf persönliche Bekehrung und rief sie zur Heiligung des ganzen Lebens. Die einschneidende Gewalt seiner Predigten beweist jene Geschichte, nach der eine Frau aus guter Familie Selbstmord beging, weil Undereyks Reden sie zur Überzeugung gebracht hatten, sie sei mit ihren Sünden ewig verdammt.[19] Und sein Kollege Cornelius de Hase, ebenfalls Prediger in Bremen, sagte: »Seine Predigten schallten und drungen durch wie Donner, weil sein Leben leuchtete als wie des Himmels Blitz.«[20] Hinzu kam, daß Undereyk, wie sein Zeitgenosse Spener in der lutherischen Kirche, eine Christenlehre für die heranwachsende Jugend als Vorbereitung für den ersten Abendmahlsgang einführte: Anfänge des heutigen Kirchlichen Unterrichtes und der Konfirmation. Auch kleinere Kinder wurden unterwiesen: Anfänge des Kindergottesdienstes. Sogar Knechte und Mägde und Leute niederen Standes wurden mit der Glaubenslehre bekannt gemacht. So viele Neuerungen auf einmal erweckten verbreitet Unwillen und Widerstände. Es kam zu Frontbildungen, Beschimpfungen, Nachstellungen. Gleichwohl konnte man sich in Bremen allein mit Hohn und Spott auf die Dauer nicht der geforderten geistigen Auseinandersetzung entziehen. Man stand vor der Entscheidungsfrage für oder gegen die neue Art der Frömmigkeit.

Für Joachim Neander schien es klar zu sein: Er stand auf der Seite der Kritiker. Reitz schreibt: »Und so hassete er den sel. Lehrer Theod. Undereyk mit andern seinesgleichen Jünglingen, die nichts anders noch besser wissen, als was sie von ihren Eltern und Lehrmeistern hören und was die größte Partey verdammet oder gut-heisset. Wie dann der Mann von gar vielen, wo nicht den meisten Predigern seiner Zeit, für einen Labadisten, Enthusiasten, Quacker etc. gehalten und gescholten wurde.«[21]

Neander erlebte sein Damaskus an einem Sonntag im Herbst oder Winter 1670/71, als er mit abschätzigen Gedanken und der Absicht, Undereyk nur zu kritisieren in dessen Gottesdienst ging. Hören wir Reitz:

> Dannenhero geschah es, daß unser Neander einsmals, nicht sowol aus Neugierigkeit, als aus dem Absehen was zu hören, so man hernach übel ausdeuten und austragen mögte, mit zween andern seiner Cammeraden in dessen Predigt nach St. Martins Kirche gieng. Allein die Liebe GOttes regierte es also, daß die Predigt ihm sein Hertz traff, und er sich der Thränen nicht enthalten konte, welche über das wie ein Strom flossen, da er das Gebät hörete.

Umsonst waren die Bemühungen seiner Kameraden, ihn auf andere Gedanken zu bringen und ihn zurückzuhalten. Neander suchte sofort Undereyk auf, »entdeckte ihm sein Herz« und »hielt sich fortan zu diesem lieben Mann als seinem geistlichen Vater«[22]. So war er gekommen, um zu spotten und zu lachen und ging zurück als Bekehrter auf dem Weg eines neuen Lebens.[23] Der geborene Musikus – war wiedergeboren.

Heidelberg und Frankfurt 1671 bis 1674

Indes waren seine Tage in Bremen gezählt. Neun Semester hatte er studiert, und da ohnehin ein junger Theologe üblicherweise bis zur Berufung ins Predigeramt als Lehrer oder Erzieher tätig war, folgte er einem Ruf, der ihn aus Frankfurt am Main erreichte. In der dortigen französisch-reformierten Gemeinde suchten einige Kaufleute einen »Informator« für ihre fünf Söhne, die in Heidelberg, der Haupt- und Universitätsstadt der Pfalz, studieren sollten. Deren Namen sind nicht bekannt. Aber Neander widmete sein Gesangbuch unter anderen den Frankfurter und Kölner »Handels-Herren« Peter d'Orville, Peter und David de Neufville, Adolph von Püll, Jacob von der Wallen und Johann le Brun. Man vermutet, daß hier die Väter der fünf Studenten genannt sind,[24] zumal drei Nachnamen auf französische Fremdengemeinden hindeuten,[25] die durch Flüchtlingsströme aus Frankreich, Wallonien und den Niederlanden in Frankfurt, Heidelberg, Hanau, der Pfalz sowie in Köln entstanden waren.[26]

In Heidelberg führte Neander ein »eingezogen Leben«[27]. Seiner Tätigkeit als Tutor und Erzieher widmete er sich vom Frühjahr 1671 an mit ganzer Liebe und Aufopferung. Jetzt konnte er alle neuen Impulse seiner Wandlung jungen Menschen weitergeben und mit ihnen eine Hausgemeinde bilden, die von einem lebendigen Glauben an Christus bestimmt war. Außerdem gestattete ihm die neue Tätigkeit, sein Studium der Theologie an der berühmten Universität Heidelberg fortzusetzen,[28] an der hundert Jahre zuvor der »Heidelberger Katechismus« entstanden war, bis zum heutigen

Tag Bekenntnisschrift und Unterrichtsbuch der reformierten Gemeinden. Hier lehrte Johann Ludwig Fabricius, der bedeutende Professor und Kirchenrat,[29] dem Neander sich anschloß.[30] Und in dieser Stadt begegnete ihm zum ersten Mal ein 11jähriger Schüler, Johann Henrich Reitz, sein späterer Biograph, mit dem er, der 10 Jahre ältere, sich befreundete und den er am Ende seines Lebens in Bremen wiedertraf.[31]

Das gute Verhältnis und die bleibende Verbindung Neanders zu seinen Zöglingen dokumentiert ein Brief, den er nach Jahren in seiner Düsseldorfer Zeit an die Studenten richtete. Er ist abgesehen von den Liedern und den beiden Gedichten das einzige Schriftstück, das von Neander selbst erhalten ist:[32]

Gnade, Friede und Barmhertzigkeit von Gott unserm Vater und dem allerliebsten HErrn JEsu Christo durch Krafft des H. Geistes: Amen! Werthe und in unserm Seligmacher gewünschte Freunde (auch, wann ihr Christi Fußstapfen noch nachfolget, wie ich dann vestiglich hoffe) angenehme Brüder!

MEine Liebe, die ich stäts zu ihnen allen trage, und die Liebe Christi, die mich dazu dringet, erfordert, daß ich auch in Abwesen euer nicht vergessen kan. Ihr seyt die erste Frucht meiner Arbeit in Schwachheit an euren Seelen durch die Krafft JEsu Christi geschehen. GOtt hat mich bey euch einige Jahre haben wollen zu Heydelberg, um den Weg zum Himmel euch zu zeigen. Werthe Brüder! Ich meyne euch alle vor diesem hertzgeliebte 5. discipulos; Euch meyne ich: Seyt doch beständig in alle dem, davon euere zarte Gemüther sind überzeuget! Folget eiferig nach JEsum Christum in seinem Welt=verschmähenden=sich selbst verachtenden Leben! JEsus wird eure Ehre, euere Crone und Schild und sehr grosser Lohn alsdann seyn. Ach um euerer Seligkeit willen! ich bitte euch im Namen GOttes: Habt nicht lieb die Welt, noch was in der Welt ist, als Augen=Lust, Fleisches=Lust und hoffärtiges Leben! Denn die Welt vergeht wie ein Schatte. Das Schema dieser Welt, wie es Paulus nennet, hat kein rechts Wesen: es ist ein Traum, eine Nacht=Wache, ein Nichts! O liebe Freunde! gedenckt frühe daran! gedenckt an euren Schöpfer in der Jugend, ehe daß die bösen Tage kommen und ihr sprechen werdet: Sie gefallen mir nicht! – Fliehet die Lüste der Jugend, die auff den Academien leyder herrschen: jaget aber nach der Gerechtigkeit, dem Glauben, der Liebe, dem Frieden mit allen, die den HErrn anruffen von reinem Hertzen! Insonderheit bitte auch noch dieses, daß ihr euch entschlaget der unnützen Schul=Geschwätz, davon viel in den ersten Jahren auff den Academien verführet worden. Paulus sagt nicht vergebens Col. 2/8. Sehet zu, daß euch niemand beraube durch die Philosophia und lose Verführung nach der Menschen Lehre und nach der Welt Satzungen und nicht nach Christo. Vergesset auch der Worte nicht, an den Thimotheum und Titum so offt wiederholet, da der Apostel ihnen so scharff einbindet: daß sie sich solten entschlagen der thörichten und unnützen Fragen; dann er wüßte, daß sie nur Zanck gebähren. Liebe Brüder! Ihr werdet es auß der Erfahrung bey andern klärlich sehen: Es seynd GOttes Worte, welche ich auß brünstiger Liebe euch vorstelle. Studiret in dem Buch der Schrifft, der Natur und in Euch selbst. Sehet auff das einfältigste, doch allerheiligste Leben und Muster unsers grossen Emanuels, und behaltet alle mit einander das: Wer den Willen des HErrn thut, der bleibt ewiglich. Die Gnade sey mit euch allen, liebe Brüder! und lasset einen jeden diesen Brieff lesen, der euch von lieber Hand und eurer Seligkeit begierigem Bruder geschickt ist, den ihr wol kennet.

Düsseldorff 21 Martii Anno 1675.

„ Es seynd GOttes Worte/ welche ich auß brunsti-
„ ger Liebe euch vorstelle. Studiret in dem Buch
„ der Schrifft/ der Natur/ und in Euch selbst. Se-
„ het auff das einfältigste/ doch allerheiligste/ Leben
„ und Muster unsers grossen Emanuels/ und behal-
„ tet alle mit einander das: Wer den Willen des
„ HErrn thut/ der bleibt ewiglich. Die Gna-
„ de sey mit euch allen/ liebe Brüder ! und lasset einen
„ jeden diesen Brieff lesen/ der euch von lieber Hand
„ und eurer Seligkeit begierigem Bruder geschickt ist/
„ den ihr wol kennet.
„   Düsseldorff 21. Martii Anno 1675.

Ende des Briefes Joachim Neanders an seine Heidelberger Schüler.

Vermutlich währte Neanders Heidelberger Aufenthalt vom Frühjahr 1671 bis zum Herbst 1673.[33] Dann begleitet er seine Zöglinge zurück nach Frankfurt, wo er in der reformierten Gemeinde für ein halbes Jahr den Dienst eines Kandidaten des Predigtamtes ausübt. Zwei Persönlichkeiten in dieser Stadt werden für den 23jährigen wichtig.

Zum einen begegnet er hier der überragenden Gestalt des lutherischen Pietismus, Philipp Jakob Spener (1635-1705). Dessen Wirksamkeit war für die lutherische Kirche noch bedeutsamer als Undereyks für die reformierte. Wie dieser belebte er den Katechismusunterricht und wurde zum Vater der Konfirmation. Seit 1679 hielt er, der auf einer Studienreise in Genf Jean de Labadie kennengelernt hatte, regelmäßige Konventikel der ernsten Christen ab, die »collegia pietatis« (Frömmigkeitsversammlungen), in denen ausschließlich biblische Texte behandelt wurden: Anfänge der heutigen Bibelstunden. In seinem nach Neanders Aufenthalt in Frankfurt erschienenen Buch »Pia desideria oder hertzliches Verlangen nach gottgefälliger Besserung der wahren evangelischen Kirche« übte er nicht nur scharfe Kritik an den kirchlichen Zuständen, sondern machte auch sechs Reformvorschläge (die noch heute empfehlenswert sind):

1. Intensive Beschäftigung mit dem Worte Gottes.
2. Aufrichtung des von Luther geforderten allgemeinen Priestertums aller Gläubigen.
3. Beherzigung der Erkenntnis, daß Christentum nicht im Wissen, sondern in der Tat besteht.
4. Liebevolles Verhalten in Religionsstreitigkeiten.
5. Reform des Theologiestudiums in der Weise, daß Theologie als eine »praktische Sache« an ein »gottseliges Leben« gebunden sein muß.
6. Die Predigt soll nicht rhetorisch-gelehrt, sondern »erbaulich« sein, das heißt auf die Erweckung und Stärkung des Glaubens und die Heiligung abzielen.

Neander hatte, so Reitz[34], »genauen Umgang [...] mit dem seligen Spenero«, der ihn an seinen geistlichen Vater Undereyk erinnern mochte, waren doch beide in genau gleichem Alter. Spener allerdings hat in seinen zahlreichen Briefen und Aufzeichnungen von Neanders Anwesenheit in Frankfurt nichts erwähnt, obwohl – freilich nicht nachprüfbar – berichtet wird, in Speners Konventikeln habe man Neanderlieder gesungen.[35] Jedenfalls ist zu beobachten, wie unter dem Einfluß des Pietismus die scharfen Grenzen zwischen Lutheranern und Reformierten allmählich fließend werden und die Konfessionen einander zu begegnen sowie – besonders im Liedgut – sich auszutauschen lernen.

Zum andern macht Neander in der Reichsstadt Bekanntschaft mit Johann Jakob Schütz (1640-1690), einem »wegen seiner Gelehrtheit, Weißheit und Gottseligkeit berühmten« Mann,[36] der bei den Reichsständen in Frankfurt einen Namen hat und zum Spenerkreis gehört. Er ist »J. U. D.«, iuris utriusque Doctor (Doktor beider Rechte, des weltlichen und des geistlichen). Seine juristischen und christlichen Schriften sind allesamt vergessen, aber sein Lied »Sei Lob und Ehr dem höchsten Gut« (EG 326) zählt bis heute zu den schönsten Liedern des Evangelischen Gesangbuches. Es ist nicht anders denkbar, als daß Schütz und Neander sich in der Neigung zur geistlichen Dichtkunst gefunden haben. Ja, es ist anzunehmen, daß der zehn Jahre jüngere Neander vom Älteren die entscheidenden Impulse empfangen hat, das Liedgut seiner reformierten Kirche aus Einseitigkeit und Strenge zu neuen Ufern zu führen, wo freudige Anbetung, Lob und Dank zentrale Bedeutung gewannen, wie es sich exemplarisch in dem Lied »Lobe den Herren« darstellt. So war der Aufenthalt in Frankfurt, obschon von nur halbjähriger Dauer, durch die Begegnungen mit Spener und Schütz eine wichtige Etappe auf des jungen Dichters Lebensweg. Bei diesen beiden großen Gestalten, so schreibt Reitz, hat er »einen guten Wachsthum in göttlichem Licht und Christlichem Wandel erhalten«[37].

Düsseldorf 1674 bis 1679

Nachdem der Versuch des Heidelberger Professors Johann Ludwig Fabricius gescheitert war, Neander an die heimliche reformierte Gemeinde in Köln als Prediger zu vermitteln (1673),[38] berief das Consistorium der reformierten Gemeinde Düsseldorf Anfang 1674 den noch 23jährigen zum Rektor ihrer Lateinschule. Welche Umstände erwarteten den jungen Theologen?[39]

Die Gemeinde war gut hundert Jahre vorher entstanden, als der »mittlere Weg«, der humanistische Versuch, evangelische Formen mit katholischer Lehre zu verbinden, an der Durchsetzung des gegenreformatorischen Konzils von Trient (1545-1563) endgültig gescheitert war. Herzog Johann von Jülich-Kleve-Berg und Mark (1511-1539), mehr noch sein Sohn Wilhelm der Reiche (1539-1592), hatten anfangs, überzeugt von der Reformbedürftigkeit der Kirche, ungeniert in bischöfliche Rechte und Befugnisse eingegriffen. Sie erließen reformkatholische Kirchenordnungen und führten Visitationen in den Gemeinden durch, auch in der Residenzstadt Düsseldorf. Herzog Wilhelm nahm – für viele äußeres Merkmal des Protestantismus – das Abendmahl in beiderlei Gestalt, und ein großer Teil der Bevölkerung machte es ihm aus Überzeugung nach. Zwar mußte er nach dem Kniefall von Venlo (1543) vor Kaiser Karl V. (Kaiser 1519-1556) nach außen allen »Neuerungen« entsagen, aber die Atmosphäre für reformatorische Bestrebungen blieb vorerst erhalten. Sie kulminierten um 1566 in der offenen Einführung evangelischen Gottesdienstes in der Düsseldorfer Lambertuskirche. Damit war es in den siebziger Jahren vorbei. Nach Trient wurde ein streng katholischer Kurs verfolgt. Die Bevölkerung nahm das zwar nicht widerspruchslos hin. Der katholische Dechant Flüggen beklagte sich 1579, die Bürgerschaft sei zum größten Teil ketzerisch.[40] In der Tat gab es Zeiten, in denen »sämtliche Düsseldorfer Bürger« in wortreichen Petitionen das Abendmahl mit Brot und Wein verlangten (1577 und 1601).[41] Aber zugleich drängten die angesichts des erkrankten Herzogs erstarkten Räte – vollends unter dem schwachsinnigen Herzog Johann Wilhelm (1592-1609) – Hand in Hand mit der Geistlichkeit, ganz auf Trient ausgerichtet, die inzwischen organisierten Protestanten in den Untergrund. Sie konnten nur noch von Wanderpredigern betreut werden, die ihren Aufenthaltsort wegen der Verfolgungsmaßnahmen geheim halten mußten.

Eine neue Entwicklung kam hinzu: Unter den Evangelischen im Herzogtum überwog in den ersten Jahrzehnten der Reformation die lutherische Richtung, das Augsburgische Bekenntnis. Aber seit den 60er Jahren, als die Ketzerverfolgungen in den Niederlanden immer rigoroser wurden – Herzog Alba, sein Name steht für massives und gnadenloses Eingreifen –, kamen tausende von reformierten Flüchtlingen an den Niederrhein. Diese widerstandsfähigen, leidgeprüften und opferfreudigen Gruppen wirkten zusammen mit den calvinistisch gesinnten Einheimischen in besonderem Maße gemeindebildend. In Wesel, Duisburg, Elberfeld, Solingen und Köln entstanden größere Gemeinden, und in vielen Orten im Bergischen wuchsen kleinere heran. Sie schlossen sich am 21. Juli 1589 im alten Pfarrhaus zu Neviges zur Bergischen Synode zusammen. Zu ihr gehörte auch die reformierte Gemeinde Düsseldorf, nachdem sie seit 1573 – ihre erste Erwähnung – auf der Jülicher Synode vertreten war.

Auch sie profitierte von dem Tod des umnachteten Herzogs Johann Wilhelm (1609), der keine Erben hinterließ. Denn Kurfürst Johann Sigismund von Brandenburg und Pfalzgraf Philipp Ludwig von Pfalz-Neuburg (Donau), beide lutherisch, traten als Bestberechtigte das Erbe an und – zumindest der erste – duldeten auch die Reformierten. Schon 1610 konnten diese in einem Hinterhof der Altstadt ihr bescheidenes Predigthaus bauen. Es war mehr ein scheunenähnlicher Saal, den die Gegner später die »Calvinische Flegelskirche« nannten und deren Fenster sie öfter mit Steinen einwarfen. Sie stand an der Stelle der heutigen Neanderkirche, mitten im sogenannten »Reformiertenghetto« zwischen Bolkerstraße, Mertensgasse, Andreasstraße und Hunsrücken. Hier spielte sich hauptsächlich das Leben der etwa 700 Glieder zählenden Gemeinde ab, und in diesem Predigthaus hat Neander gepredigt sowie im benachbarten Schulhaus Unterricht gehalten.

Fünf Jahre nach Neanders Weggang war die Neanderkirche errichtet. Sie wurde an der Stelle des Predigthauses von 1610 gebaut, in dem Neander predigte.

Das brandenburgisch-pfalzneuburgische Kondominium währte indes nicht lange. Zwar sollte der Sohn des Neuburgers, Pfalzgraf Wolfgang Wilhelm, sogar die Tochter des Brandenburgers heiraten, forderte aber als Mitgift Kleve und Mark, Brandenburgs Anteil am Erbe, weshalb ihm sein vorgesehener Schwiegervater bei einem Festmahl die berühmte »Düsseldorfer Ohrfeige« gegeben haben soll (1613). Geschichtlich gesichert ist hingegen, daß Wolfgang Wilhelm, um das Ganze zu gewinnen, ein neues politisches Konzept entwickelte, indem er mit dem Führer der katholischen Liga, Herzog Maximilian von Bayern, verhandelte und erst heimlich in München, dann öffentlich in der Düsseldorfer Lambertuskirche zum katholischen Glauben übertrat (1614), nachdem er Maximilians Schwester geheiratet hatte. Wochen darauf starb sein Vater, tief vergrämt über den Schritt seines Sohnes, der nun in Jülich und Berg – Kleve und Mark fiel endgültig an den Brandenburger, der reformiert wurde – Zug um Zug die

Die Neanderkirche heute

Gegenreformation durchsetzte. Die Bedrängnisse der »Gemeinden unter dem Kreuz«[42], die sich einem katholischen Fürsten gegenüber behaupten mußten, huben von neuem an. In Düsseldorf zogen die Jesuiten ein. Alle evangelischen Gottesdienste wurden verboten, die Kirchen geschlossen, die Prediger bedroht. Nur noch heimlich konnte die Gemeinde reihum in Privathäusern zusammenkommen. Trotzdem – gemäß der Devise der schottischen Kirche von dem brennenden Busch »Nec tamen consumebatur« (und er ward doch nicht verzehrt) – hielt sie allen Verfolgungen und Leiden stand und konnte nach dem Westfälischen Frieden (1648), vollends aber nach den brandenburgisch-pfalzneuburgischen Religionsvergleichen von 1651, 1666, 1672 und 1682 endlich aufatmen, wenngleich in der Folgezeit noch manche Übergriffe und Einschränkungen vorkamen.

Die in schweren Verfolgungszeiten bewährte Kirchenordnung der Reformierten hatte die zum Überleben unabdingbare Einheit und Disziplin in der Kirche gewährleistet. Sie wurde immer noch mit Strenge beibehalten. Nach ihr war die gesamte Kirche von unten nach oben strukturiert (ein frühes Vorbild für demokratische Verfassungen). Die Gemeinden hatten ihr gewähltes Consistorium, mehrere Gemeinden waren zur Classis (= Kreissynode) zusammengeschlossen, diese entsandte Vertreter zur Bergischen Synode, und die vier Provinzialsynoden Berg, Jülich, Kleve und Mark kamen seit 1610 zur Generalsynode zusammen. Prediger und Laien waren völlig gleichberechtigt. Alle Gemeindeangelegenheiten einschließlich der Wahl von Predigern und Schulmeistern wurden im Consistorium entschieden. Es herrschte Zucht und Sitte. Nachdem die Consistorialen zuerst bei sich selbst die »censura morum« (Prüfung der Sitten) vorgenommen hatten, zogen sie vor jeder in der Regel viermal im Jahr stattfindenden Abendmahlsfeier von Haus zu Haus, um etwaige Anstöße in der Gemeinde zu beseitigen. Wer zum Mahl zugelassen wurde, bekam ein »Lötger«, ein kleines, münzähnliches Stück Blei (Lot = Blei) mit dem eingestanzten Gemeindesiegel, das beim Zutritt zum Mahl als Berechtigungsausweis abgegeben wurde. Dieses Verfahren zeigt einerseits eine große Hochachtung vor dem Abendmahl. Man nahm es so ernst, daß man es vor Mißbrauch schützen wollte. Andererseits geriet es bei der Feier unter Umständen zu einer kleinlichen Prozedur, die in Düsseldorf auch nur fünf Jahre – und zwar genau zu Neanders Zeit (1674 bis 1679) – beibehalten wurde. Öffentliche Sünder wurden ausgeschlossen und erst nach einer Buße (keine Geldbuße!) wieder zugelassen. Die Consistorialen, die zu den Sitzungen zu spät kamen, mußten eine Strafe bezahlen (mulcta serovenientiae). Wer fehlte und dessen Entschuldigung nicht anerkannt wurde, hatte die mulcta absentiae zu entrichten. Bei aller Strenge herrschte aber eine rege und warme Nächstenliebe. Jedes Jahr wählte das Consistorium Diakone, die mittellose Gemeindeglieder aus der Armenkasse (aerarium pauperum) versorgten, und den zahlreichen Kollektensammlern von auswärtigen, noch ärmeren Gemeinden öffneten sich die Türen.

Diese kirchlichen Verhältnisse mußten für Joachim Neander fremd sein. Weder in Bremen noch in Heidelberg und Frankfurt hatte er eine so

Abendmahlskanne, Geschenk der Herzogin Catharina Charlotte († 1651) an die reformierte Gemeinde Düsseldorf. Der Deckel (rechts) zeigt das Allianzwappen Pfalz-Neuburg und Pfalz-Zweibrücken.

strenge und festgefügte Gemeinde kennengelernt, die – das lag erst 25 Jahre zurück – durch das Feuer der Verfolgung gegangen war.

Mit dem, was der junge Theologe mitbrachte, dem Pietismus, hatte die Gemeinde allerdings schon seit Jahren Bekanntschaft gemacht. Prediger Lehnhoven (1663-1667) war der erste Vertreter dieser Richtung.[43] Als er geht, wird im Consistorium – schlagender kann der Beweis nicht sein – die Wahl von Theodor Undereyk, Exponent der neuen Frömmigkeit und Neanders geistlicher Vater, vorgeschlagen, »wenn [wir] von deßen Resolution werden gewiß sein«[44]. Die Verbindung Undereyks zur Düsseldorfer Gemeinde manifestiert sich auch durch ein Buchgeschenk, das dieser im Jahr darauf der Gemeindebibliothek verehrt.[45] Er bleibt aber noch in Mülheim, und Hermann Steenhuysen (1667-†1673) wird gewählt. Daß dieser, ebenfalls Pietist, jahrelange Turbulenzen hervorrief, lag nicht an seiner Glaubenseinstellung, sondern an persönlichen Unzulänglichkeiten und provozierenden Formulierungen. So sagte er in einer Predigt:

1. Gott habe Macht, die unmündigen Kinder wegen der Erbsünde zu verdammen, so wie man eine Schlange zertritt, »nicht daß sie vergiftet hat, sondern daß sie in sich Gift zum Vergiften hat«.
2. Die Erbsünde sei viel schwerer als ein Vater- oder Muttermord, weil dieses alles aus ihrem Quell entspringt.
3. Daß alle Wiedergeburt mit besonderer Alteration (Gemütsbewegung), Zittern und Beben geschehe, daher dann die Kinder, die dessen nicht fähig sind, als Unwiedergeborene nicht selig werden könnten.[46]

Worauf ein prominenter Besucher, der brandenburgische Resident Pagenstecher, im Gottesdienst laut dazwischenrief, seinen Stuhl umstieß und unter Protest das Gotteshaus verließ. Maßgebliche Gemeindeglieder schlossen sich seiner Meinung an. Der Streit dauerte vier Jahre und endete erst mit dem Tod des Predigers. Steenhuysens Nachfolger wurde Sylvester Lürsen, wie Neander aus Bremen stammend, der dort 1666 bei der Trauerfeier für Neanders Vater ein lateinisches Gedicht verfaßt hatte. Lürsen nahm seine Berufung nach Düsseldorf mit den Worten an: »Gott gebe mir um Jesu willen mit Elia Eifer, mit Paulo Weisheit, mit Petro durchdringende Kraft, mit Stephano die Fülle des heiligen, freimütigen Geistes, zu seinem herrlichsten Ruhm, zu der Gemeinde sonderlicher Erbauung und zu meiner ewigen Seligkeit«[47], und er soll sich »zur Unterstützung der pietistischen Kräfte« an Undereyk gewandt haben, um Neander als Rektor nach Düsseldorf zu holen.[48]

Neanders pietistische Frömmigkeit war der Gemeindeleitung also bekannt und offenbar kein Hinderungsgrund für seine Berufung. An Schulleiter und Pastoren dieser Richtung hätte man sicher nicht gedacht, wenn Düsseldorf noch im Fahrwasser altorthodoxen, strengen Reformiertentums niederländischer Prägung gesegelt wäre.[49] Die Consistorialen, meistens gebildete und verantwortungsvolle Männer und bestens informiert, kannten ihre Pappenheimer. Sie waren theologisch auf der Höhe der Zeit. Davon zeugt die erwähnte große Bibliothek in den Räumen der Gemeinde, für die jeder Ausscheidende, ob Prediger, Consistorialer oder Lehrer, ein Buch überlassen mußte. Als weitgereiste Kaufleute haben sie sich ihre Kandidaten vielleicht in Köln, Frankfurt (da war ja Neander) oder in anderen Messe- oder Handelsstädten genau angesehen und dann für die Gemeinde »angeheuert«. Bei keinem der bisherigen pietistischen Prediger oder Schulleiter ist allerdings in seiner Düsseldorfer Dienstzeit etwas von Konventikeln die Rede, die nun bei dem »Neuen« zum Zerwürfnis führen sollten.[50]

Die Schule, die Neander leiten sollte, bestand seit Anfang des Jahrhunderts, doch kann man zu ihrer Tradition auch die berühmte »Düsseldorfer Schule« zählen, zumal die reformierte Gemeinde später deren Einfluss auf das religiöse Leben in der Stadt herausstellte. Sie war 1545 von Herzog Wilhelm dem Reichen als »seminarium reipublicae« (staatliches Seminar) gegründet worden und unter ihrem ersten Rektor Johannes Monheim (1500-1564), einem Schüler des großen Gelehrten und Humanisten Erasmus von Rotterdam, in kurzer Zeit zu höchstem Ansehen gelangt.[51] Seit 1536, wie seine nachmaligen Widersacher, die Kölner Jesuiten, attestierten, »einer der bedeutendsten Lehrer der Kölner Trivialschule«, wurde Monheim seiner Tüchtigkeit und Gelehrsamkeit wegen 1545 vom Herzog nach Düsseldorf geholt. Binnen kurzem zählte die Schule 2.000 Schüler und machte die damals recht unbedeutende Stadt (3.000 Einwohner) zu einem sogar die humanistische Hochburg Deventer übertreffenden Zentrum geistiger und geistlicher Bildung im Deutschen Reich. Ihre Absolventen – Kleriker genannt, auch wenn sie sich einem weltlichen Beruf widmeten –

brauchten keine andere Universität mehr zu besuchen. Eigens für seine Schüler schrieb Monheim 1560 einen Katechismus in lateinischer Sprache (1987 als Faksimile-Ausgabe mit synoptischer deutscher Übersetzung neu erschienen[52]), in dem die Lehre Johannes Calvins (Institutio religionis christianae 1536/39) eine bedeutende Rolle spielt, ist doch das Herzstück reformatorischer Theologie, die Rechtfertigung des Sünders allein aus Gnaden, eindeutig im evangelischen Sinne behandelt. Nach Monheims Tode sank das Niveau der Schule – 1581 hatte sie nur noch 100 Schüler – und wurde am 1. November 1620 im Zuge der Gegenreformation von den Jesuiten übernommen. Als ihr Rechtsnachfolger zählt das heutige Görresgymnasium.

Die reformierte Lateinschule, nicht vom Staat, sondern allein von der kleinen reformierten Gemeinde unterhalten, konnte sich mit Monheims vergangener Größe nicht messen. Sie litt auch darunter, daß der Große Kurfürst 1655 die Universität Duisburg hatte gründen lassen, eine Wohltat für die Reformierten am Niederrhein, aber für die in Düsseldorf eine unerreichbare Konkurrenz. Gleichwohl legte die Gemeindeleitung zu allen Zeiten Wert auf ein leistungsfähiges Schulwesen. Neben der »deutschen Schule«, unserer Grundschule vergleichbar, wurde eine bis zu vierklassige Lateinschule, in etwa ein Gymnasium, unterhalten, an der zeitweilig vier Lehrer tätig waren. Zu Neanders Zeiten hatte diese nur noch zwei Klassen und kaum mehr als lokale Bedeutung. Die Schulräume und Wohnungen der Lehrer befanden sich rings um das Predigthaus. Regelmäßig und in kurzen Abständen visitierten neben dem Prediger die »Scholarchen«, vom Consistorium bestimmte Älteste, die Schulen. Die Besoldung betrug zwischen 80 und 100 Reichstaler jährlich pro Lehrer. Der Prediger bekam 250 Rtlr., aber die Lehrer erhielten zuzüglich das von den Eltern zu entrichtende Schulgeld, wenn es bei Armut nicht erlassen wurde.

> Herr Joachim Neander, beruffer Rector unser Schulen ist den 1. Maji in seinem Beruff und Dienst, nachdem er öffentlich in der Kirchen vorgestellt, getreten. Vorgedachtem Rectori sind zur Wiedererstattung seiner Reißkosten 10 Reichstaler zugestellet.

So lautet die Eintragung im Protokollbuch der reformierten Gemeinde Düsseldorf unter dem 16. Mai 1674.[53] Neben dem Unterrichten besteht die Aufgabe des 24jährigen darin, hin und wieder zu predigen, am Gottesdienst regelmäßig teilzunehmen und währenddessen die Schüler zu beaufsichtigen – in der ungeschminkten Sprache der Zeit ausgedrückt: die Jugend »im Zwang zu halten« – sowie die Gemeinde »zum Gesang christgebührlich zu halten und anzuführen«[54]. Reitz faßt Neanders Wirksamkeit in die Worte:

> So hat er zu Düsseldorff seinem Schul-Amt so vorgestanden, daß die Schüler in aller guten Zucht, Sitten und Manieren für anderen herfürleuchtete. Mit seiner besonderen Freundlichkeit gewann er ihr Hertz,

und mit seiner exemplarischen Gottesfurcht hielt er sie in Gehorsam und Respect, und mit seinem späten Fleiß und Unterrichten brachte er ihnen die erforderte Wissenschafften bey: so daß man sagt, daß von Zeit seines Weggehens dieser gute Zustand der Schulen abgenommen.[55]

Eine 1649 angeschaffte »Musictafell [...] schwarz mit Ölfarben angestrichen«[56] hat er sicher besonders häufig benutzt, um seine Schüler Noten und Gesang zu lehren. Von seinen Zöglingen, die intensiv mit der Wissenschaft konfrontiert wurden – Pietismus war keineswegs eine bloß weltflüchtige Frömmigkeitsbewegung[57] –, seien zwei genannt: Georg Hermann von Bergen, 1658 in Düsseldorf geboren, wird am 4. November 1676 an der Duisburger Universität mit einem Zeugnis Neanders zum Studium der Literatur und Philosophie immatrikuliert. Er doziert später dort in diesen Fächern als Professor.[58] Ebenso ist Werner Justinus von Rodenberg aus Duisburg Absolvent der Schule Neanders. Als am Ende seiner Tätigkeit die Bergische Synode im Düsseldorfer Predigthaus tagt (18.-21.4.1679), tritt »ein gewisser Student von der Düsseldorfer Schul« (ein Schüler Neanders) vor den Synodalen auf – ein ungewöhnlicher Vorgang – und zeigt »ein gutes Beispiel seiner Geschicklichkeit«, indem er ein lateinisches Gedicht deklamiert. Die beeindruckten Zuhörer schenken ihm sechs Reichstaler.[59] Den Predigtdienst versieht er (so Reitz) »ohne viel Kunst, jedoch nicht ohne Beweisung des in ihm wohnenden Geistes und der auf einige Seelen der Zuhörer wirckenden Krafft, 2. Cor. 13,3«[60]. Das Consistorium zeigt sich auch erkenntlich. Es beschließt am 8. Januar 1676, daß Neander und Bernhausen, der zweite Lehrer, »zur Vergeltung ihrer Müh, die sie in Abnehmung der Predigten über sich nehmen, ein jeder 10 Reichstaler zum Neujahr geschenkt haben sollen«[61].

> 2. Kor. 13,3: Ihr verlangt ja einen Beweis dafür, daß Christus in mir redet, der euch gegenüber nicht schwach ist, sondern ist mächtig unter euch.

In diesem Jahr jedoch beginnt der Konflikt. Vermutlich hängt er mit einer schlimmen Seuche zusammen, die seit Mai 1676 die Stadt überzieht. Die Rote Ruhr grassiert. Stadtarzt Dr. Gottfried Melm schreibt am 18. Juli 1676 an den Herzog, Soldaten aus Süddeutschland, wie immer mit Frauen und Kindern im Gefolge, hätten die »Dysenteria« vor Wochen eingeschleppt. Die Kranken würden sechs bis acht Tage damit herumlaufen und hätten für ihre Notdurft (»necessitate urgente«) hin und wieder auf öffentlichen Plätzen, »ja um Kirchen und Gotteshäuser herum sich niederlassen müssen«, weil keine Bedürfnisanstalten vorhanden seien, »welche zu bauen hochnötig« wäre. Es sind 900 Tote zu beklagen.[62] Prediger Sylvester Lürsen kommt mit der Betreuung der Kranken nicht mit. Am 10. Juni beschließt das Consistorium, einen zusätzlichen »Siechentröster« zu

An Neanders 200. Todestag, dem 31. Mai 1880 wurde diese Marmortafel in der Düsseldorfer Neanderkirche angebracht.

engagieren, »damit durch Gottes gnädige Regierung des Predigers und der Schulbedienten verschonet werde«[63]. Am 15. August verwirft es jedoch den Gedanken. Anstatt von einem Fremden sei es für die Gemeinde viel »erbaulicher«, von den allen bekannten Lehrern, die ja angehende Prediger sind, betreut zu werden, zumal die Lehrer »in Besuchung der ansteckenden Kranken zu helfen versprochen haben«[64]. Vermutlich hat Neander diese Seelsorgetätigkeit zur gefürchteten Konventikelbildung gedeihen lassen. Es fällt jedenfalls auf, daß sich im Herbst 1676 plötzlich die Tonart des Consistoriums gegenüber dem Rektor ändert. Das Schreckgespenst des Separatismus erscheint am Horizont. Vor zwei Jahren noch hatte die Generalsynode in Duisburg das Problem aufgegriffen und sehr behutsame und weise Beschlüsse gefaßt.

Die »Zusammenkünfte der Gottseligkeit« – das sind die Konventikel – sollen gefördert und gleichwohl »keine Gelegenheit zur Trennung, falscher Lehre, Verachtung der Prediger und des öffentlichen Gottesdienstes« gegeben werden. In der Kirche oder an anderen Orten sollte man zum Beten, Singen, Bibellesen, Predigtnachbereitung, Unterrichten und zu »erbaulichen Diskursen« zusammenkommen. Aber das habe »unverborgen« zu geschehen. Niemand sei auszuschließen. Nichts dürfe hinter dem Rücken von Predigern und Ältesten stattfinden. Und vor allem müsse es »also angestellet werden, daß der öffentliche Gottesdienst nicht verhindert werde oder in Verachtung komme«.[65] Also eine kluge Direktive, angesichts der neuen Entwicklung ein Musterbeispiel für besonnene Beschlüsse, die »den Geist nicht dämpft« (1. Thess. 5,19) und zugleich dem Dünkel entgegentritt, daß andere Christen es mit ihrem Glauben nicht ernst meinen und von denen man sich zu distanzieren habe.

Just an dieser Stelle kommt Neander zu Fall. Gewiß arglos und in seelsorgerlichem Eifer sammelt er seine Leute um sich, singt und betet mit ihnen, spricht mit ihnen über einen Bibelabschnitt und legt ihnen die Heiligung ans Herz. Und das alles heimlich, mit einem gewissen Unterton: Sind nicht die Besucher der Konventikel die einzigen wirklich Wiedergeborenen? Sind nicht die andern die weniger guten Christen? Ist es nicht abzulehnen, wenn diese im Gottesdienst am Abendmahl teilnehmen? Ist es dann nicht besser, wenn man erst gar nicht zum Gottesdienst geht, wo so viele »Unbekehrte« sind? Und fühlt man sich nicht viel wohler in der kleinen Gemeinschaft, wo die erweckten Schwestern und Brüder die gleiche Sprache sprechen, dieselben Gedanken hegen, dasselbe Geheimnis halten? In dem Maße, in dem diese »ecclesiola in ecclesia«, dieses Kirchlein in der Kirche, zunimmt, vermindert sich natürlich der Besuch des normalen Gottesdienstes. Heimlich? Es fällt doch auf, denn Neander ist zum Gottesdienstbesuch verpflichtet und ist laut Dienstvertrag Aufsichtsperson für die Jugend. Wie es so zu sein pflegt, wird jetzt zuerst einmal das dienstliche Verhalten des Rektors unter die Lupe genommen. Im September 1676 wird die Schule visitiert, im Oktober ihm eine Strafe angedroht, weil er ohne das Consistorium zu informieren ein Examen abgehalten und sich selbst einen Urlaub genehmigt hat. Die Schule sei pünktlich im Winter um

8 und um 1 Uhr, im Sommer um 7 Uhr anzufangen. Beide Lehrer dürfen »nicht ihres eigenen Gefallens auf den Feyer- und Sonntagen aus der Kirchen bleiben«. Im November wird eine weitere Visitation beschlossen »und dabey ein jeglicher seiner Pflichten erinnert«. Der Lateinschulrektor wird »unterschiedliche Male« vor das Consistorium zitiert. Er bekommt Kanzelverbot, »und dann dieses alles wenig verfangen wollen«[66]. Endlich wird am 3. Februar 1677 die Katze aus dem Sack gelassen:

> Es ist beschloßen, daß dem Rector Neandro von zweyen Eltesten [...] samt den Herrn Scholarchen sol ernstlich vorgehalten werden, daß er die heimlichen Zusammenkünfte anstellet oder mit hat helfen anstellen. Und weil solches dem Schluß letzgehaltenen Synodi Generalis zuwieder, sol ihm namens des Consistorii angezeiget werden, daß im Fall solches wieder von ihm geschehen solte, er seines Dienstes solle erlaßen werden.[67]

Geht das Consistorium mit dem Rektor nicht zu hart ins Gericht? Angesichts der Spaltungsgefahr bleibt ihm keine Wahl. Eine Art Sekte innerhalb der Gemeinde darf nicht Fuß fassen. Man muß bei der Strenge der Gemeindeleitung auch berücksichtigen, daß Neander in den Augen der Consistorialen nicht der gerühmte Dichter ist, dessen Lieder sich bald in fast allen Gesangbüchern der Welt finden werden, sondern ein junger Lehrer ohne besondere Verdienste,[68] der sich zudem als Fremder in der Gemeinde zurückhalten müsste. Es ist deshalb von der Hand zu weisen – wie hier und da zu lesen ist[69] –, die Schuld für den Zwist dem angeblich eifer-, rach- und streitsüchtigen Charakter des Predigers Sylvester Lürsen zuzuweisen. Dieser ist ohnehin auf dem Sprung, eine neue Pfarrstelle anzutreten. Lürsen, »eine tüchtige Kraft«[70], der eine Schrift gegen den Jesuiten Nakatenus geschrieben hatte, mit dem er einmal bei einem Krankenbesuch eines konfessionell gemischten Ehepaares in eine Auseinandersetzung geriet, war sicher nicht einfach zu nehmen. Es hat auch in seinen späteren Wirkungsstätten Reibereien mit Kollegen gegeben. Aber er war in Theologie und Glaubenshaltung nicht weit von Neander entfernt. »Vom Pietismus ergriffen«[71], hat er nach seinem Wechsel nach Danzig erbauliche Versammlungen mit Erwachsenen gehalten und »sehr pietistisch gepredigt«. (In seiner letzten Gemeinde in Königsberg erlebte er 1701 die Krönung des Kurfürsten Friedrich zum »König in Preußen« und hielt bei dieser Gelegenheit eine Predigt, über die »ein glänzender Bericht« existiert.[72])

Das Consistorium geht ruhig und konsequent seinen Weg. Es verlangt von Neander, die »schuldige Ordnung« zu unterschreiben. Der weigert sich und macht »Beschwehrnüß« mit »übeler Ausdeutung und anstößiger Begegnung«. Er bringt »allerlei Ausflüchte, exceptiones, limitationes [= Ausnahmen, Einschränkungen] sowohl münd- als schriftlich, sehr höhnisch« vor, worauf man ihm antwortet, »man wäre nicht willens, viel weniger gehalten«, mit ihm wegen der Unterschrift viele Worte zu wechseln oder zu disputieren. »Darauf antwortete: er thäte solches nicht«. Die Folge ist seine

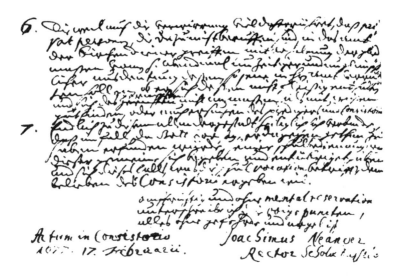

Schluß des Unterwerfungsprotokolls, von Neander am 17. Februar 1677 unterschrieben.

Entlassung. »So diente er ihnen auch nicht mehr, könnte also seine Verbesserung suchen.«[73]

Da lenkt er ein, in letzter Minute. Er unterwirft sich total, bekennt seinen »Irrthumb und Mißverstand«, verspricht, »aller guter Ordnung sich [zu] bequemen« und unterschreibt einen Revers, in dem er alles bereut, was er getan, alles verurteilt, was er gebilligt und alles bejaht, was er negiert hat.[74] In »Ansehung seiner Jugend und verhöffentlicher Corrigibilität oder Beßerung« verzeiht ihm das Consistorium »für dißmahl«, und er darf seinen Dienst wiederaufnehmen, nachdem er »einige Tage seiner Bedienung sich enthalten«. In dem Unterwerfungsprotokoll verdammt er im einzelnen die labadistische »Trennung und Abscheidung« von der Kirche (dies zu unterschreiben hat »gemelter Neander vornemlich Schwierigkeit gemacht«) und hält sie für ein »Werk des Fleisches« (3.). Er verwirft die Wiedergeborenen, die über andere den Stab brechen. In den anderen sei doch der »Sahme Gottes«, und sie wären deshalb auch als Brüder anzusehen (5.). Er verpflichtet sich, wenn er rückfällig wird, »seiner Schulbedienung bey dieser Gemeine sich [zu] begeben« (7.). »Aufrichtig und ohne Mentalreservation unterschreibe ich die obige Puncten, alles ohne Gefehrde und arge List: Joachimus Neander, Rector Scholae Dusseldorpiensis, Actum in Consistorio 1677, 17. Februarii.«[75]

Der zu Kreuze Gekrochene hat gewiß nicht alles, was ihm vorgeworfen wurde, eingesehen. Nur von ihm kann Reitz später die kritische Mitteilung bekommen haben: »Weil er aber bey obgemelten Kirchen-Fürstehern der heterodoxie verdächtig und beschuldigt ward, So kamen dieselbe einsmals in die Schul, warffen ihm ein und anderes mit solcher

Prediger Johannes Melchior

Johann Reinhardt Maurenbrecher,
Düsseldorfer Postmeister und Ältester
der reformierten Gemeinde

Unfug vor, daß auch die Schüler ihren Meister vertheidigten.«[76] Aber Neander gibt, wie es aussieht, zumindest in dem Vorwurf des Labadismus seine Verfehlung ehrlich zu. Keinen seiner großen Lehrer, weder Spener noch Undereyk, hat er in dieser Frage auf seiner Seite. Auch weil Undereyk ihn zwei Jahre später nach Bremen zurückholt, ist anzunehmen, daß der Sohn wieder ganz auf die Linie seines geistlichen Vaters einschwenkt. Am Ende des Jahres der Unterwerfung Neanders in Düsseldorf schreibt Undereyk die entscheidenden Argumente gegen Labadie nieder.[77] An deren Ende heißt es: »Haben sich Christus und seine Jünger irgendwo in einem Eck allein verborgen und von allen Sündern entfernet, als sie ihre Brüder gewinnen und bekehren wollten?«

Die Vorgänge um Neander sind ein Beispiel des permanenten Dilemmas pietistischen Konventikelwesens. »Die Befürworter halten die, die nicht zu ihnen gehören, für Christen minderen Grades oder sprechen ihnen das Christsein im Grunde ab, diese sehen in jenen Hochmütige und Überhebliche. Der Streit ist eigentlich nie durch Argumente oder ein Überzeugen der Gegenpartei entschieden worden« (Rudolf Mohr[78]).

Unmittelbar nach der Auseinandersetzung mit Neander verläßt Prediger Lürsen die Gemeinde, und an seine Stelle tritt (25.4.1677) Johannes Melchior, Sohn eines Bürgermeisters aus Solingen. In Frechen schon mit 21 Jahren Prediger als Nachfolger Hermann Steenhuysens (S. 29), verpflichtet er sich, acht Jahre in Düsseldorf zu bleiben, hält diese Zeit aber nicht genau ein. Unter den Düsseldorfer Pastoren ragt er als erster durch wissenschaftliche Qualifikation und Tätigkeit hervor. Deshalb hat er sich ausbedungen, zur Stütze in der Gemeindearbeit einen Hilfsprediger anzustellen. Die Aufregung um Neander ist gerade erst Wochen her, und da die Wunden noch nicht ganz geheilt sind, wird nicht er, der Schulleiter, sondern der ihm untergebene Lehrer Bernhausen vorgezogen, was Neander gewiß als Kränkung empfunden haben mag. Auch seine Heimatstadt Bremen gibt ihm einen Korb, als er versucht, Prediger an St. Remberti zu werden. In Richtung Labadismus ist er jedenfalls kuriert. Hier würde auch der neue Prediger Melchior Obacht geben, war er doch als Mitglied der »Konventikel-Generalsynode« von 1674 dem separatistischen Pietismus abhold. Melchior wird 1681 von der Theologischen Fakultät der Universität Duisburg zum Doktor promoviert und folgt im nächsten Jahr einem Ruf zum Professor der Theologie an der Universität Herborn. Das von ihm verfaßte dogmatische Kompendium wird berühmt, werden doch nach diesem Buch ein ganzes Jahrhundert lang auf reformierten Universitäten Vorlesungen gehalten. Seine »Kurtze Erzehlung / in welchem Stand der Gottesdienst zu Düsseldorff / und in denen herum gelegenen Landen / von 150. Jahren her gewesen« ist eine 18 Seiten lange teilweise predigthafte Kirchengeschichte Düsseldorfs von der Reformation an.[79] Auch eine »Kinderbibel, oder kurzer Auszug der nötigsten und nützlichsten Geschichten, Sprüche und Geheimnissen aus den Büchern der h. Schrift« bringt er heraus.

Neanders Unterwerfungsprotokoll vom 17. Februar 1677 hatte eine Persönlichkeit mit beschlossen, die gerade zum 1. Januar 1677 ins Consistorium gewählt worden war und von dem ebenfalls ein Portrait erhalten ist, Johann Reinhardt Maurenbrecher. Die Spuren seines Namens sind heute noch in der Stadt zu entdecken, nicht nur in Gestalt des Maurenbrecher Hofes in Düsseldorf-Niederkassel und der Maurenbrecherstraße (Stadtteil Düsseltal). Johann Reinhardt Maurenbrecher steht in der 200 Jahre währenden Familiendynastie der Düsseldorfer Posthalter, spendete 1694 für die reformierte Kirche im Stadtteil Urdenbach – dort hat er eine Urdenbacherin vom Haus Bürgel geheiratet – ein wertvolles Wappenfenster, in dem sein Emblem, eine Kanone, die »Mauern bricht«, ebenso zu sehen ist wie in der Altstadt (Zollstraße) seine ehemalige Posthalterei, Ausgangspunkt des niederrheinischen Postverkehrs bis ins kurbrandenburgische Gebiet hinein, heute das Lokal »En de Canon«.[80]

Indessen neigen sich die fünf Jahre des Düsseldorfer Wirkens Joachim Neanders seinem Ende entgegen. Theodor Undereyk, sein geistlicher Vater, denkt an ihn, als am 14. Januar 1679 ein Hilfsprediger an St. Martini stirbt. Er holt den 29jährigen in die Bremer Heimat zurück. Das Düsseldorfer Consistorium stellt dem Scheidenden ein ehrenvolles Zeugnis aus, das zugleich auch die Aussöhnung der ehemaligen Gegner dokumentiert. Es datiert vom 24. Mai 1679:[81]

Weylen Herr Joachimus Neander, hiesiger Schulen bißhero gewesener Rector zu erkennen gegeben, das unlängster Tagen zum dritten Prediger oder Gehülfen der beyden Prediger in Martini-Kirch zu Bremen berufen worden seyn und alsolchen Beruf nach reyflicher Berathung angenommen habe, begehrend, das Ihme gebührliche Dimission möge er-

Joachim Neander in der Zeit seines Wirkens als Rektor der reformierten Lateinschule. Bleistiftzeichnung des Düsseldorfer Malers Eduard Hermann Lotz (1818-1890), entstanden 1856 nach dem seit 1891 verschollenen Ölbild

theylet werden, so hette ein Christliches Consistorium gewünscht, das Er Neander unsere Schule ferner hette vorstehen mögen, weylen Er aber diese Resolution fest gesetzet, kan ihm begehrte Erlaßung und Zeugnüß seiner wolgeführten Bedienung nicht geweygert werden.

Das sind für den Abschied eines Schullehrers ungewöhnlich wohlwollende, ja im Düsseldorfer Protokoll einmalige Formulierungen. Neander beweist auch seinerseits, daß er in versöhnlicher Stimmung von Düsseldorf Abschied nimmt und schenkt der Bibliothek der reformierten Gemeinde ein sehr wertvolles, 4138 Seiten starkes Buch,[82] das »Lexicon philologicum et etymologicum«[83] des Bremer Rektors am Paedagogium und Professors am gymnasium illustre Matthias Martinius (1572-1630), das am 2. Juni 1679 in den »Index bibliothecae ecclesiae reformatae Düsselopolitanae« der 1643 gegründeten Gemeindebibliothek, eingetragen wird.[84] Er verläßt die Stadt, in der er in seinem kurzen Leben als Erwachsener die längste Zeit – fünf Jahre – geblieben war. In diesen Düsseldorfer Jahren entstanden die meisten seiner unvergeßlichen Lieder.

Bremen 1679 bis 1680

Im neuen Amt in Bremen, das der 29jährige in seinem letzten Lebensjahr antritt, steht er immer noch im dritten Glied. Das Protokoll im Gemeindebuch von St. Martini vermerkt (Eintrag Pfingsten 1679): »Ist Herr Joachimus Neander zum Extraordinarius berufen und von uns Baumeistern in Herrn de Hase Stelle erwehlet worden.«[85] Es ist keine ordentliche

St. Martini-Kirche (links) am Weserufer in Bremen

Pfarrstelle. Neander wird auf diese Weise nie ordiniert. Er ist vielmehr bei einem Jahresgehalt von 40 Reichstalern und freier Wohnung als Hilfsprediger tätig. Finanziell hat er sich sogar verschlechtert, denn in Düsseldorf waren ihm zuletzt immerhin 100 Rtlr. gezahlt worden. Aber ihm, der »unverheurathet geblieben«[86], wiegen die alte Heimat, die alten Freundschaften mit seinem geistlichen Vater Undereyk und seinem Heidelberger Freund Reitz, der gerade hier studiert, wie auch die Chance eines Neuanfangs nach den Turbulenzen in Düsseldorf schwerer. Seine Amtswohnung, »an den Chor der Kirche gleichsam angeklebt«, befindet sich im oberen

Als Hilfsprediger bewohnte Neander ein Zimmer (links) in dem Anbau der St. Martini-Kirche.

Stockwerk. Am 31. Mai 1880, Neanders 200. Todestag, wurde hier eine Erinnerungstafel angeheftet. Eine Überlieferung aus dem 19. Jahrhundert beschreibt die Behausung:

> Im oberen Stockwerk war noch Alles, als ob Joachim Neander kurz zuvor ausgezogen sei: die Stuben mit blau und weiß gemalten Balken an der Decke, das graue Getäfel an den Wänden, die hohen, in tiefer Nische liegenden Fenster mit den kleinen in Blei gefaßten Glasscheiben; hier ein alter Kamin, dort ein mächtiger Ofen von Eisen, auf welchem

die Historia vom heiligen Martin zu sehen war, in der Ecke der plumpe, viereckige Eichentisch. Und das Alles lag im Halbdunkel, die Fenster waren blind vor Alter, der Epheu war darüber hingewachsen, so daß das Licht des Tages nur verstohlen in die Räume blicken konnte.[87]

Seine Dienstobliegenheiten sind nicht gerade attraktiv. Die normalen Gottesdienste zu halten ist ihm verwehrt. Ein Hilfsprediger muß die ungünstigen 5 Uhr-Morgengottesdienste für die Knechte, Mägde und auslaufenden Fischer halten und wird deshalb im Volksmund »Five-Prediger« genannt. An kalten Wintertagen so früh durch die unbeleuchteten Straßen mit Handlaternen und Fackeln zur Kirche zu gehen und dort mit nüchternem Magen – so wollte es die Sitte – in dem ungeheizten, schwach erhellten Raum Gottes Wort zu hören, ist auch in der harten Zeit des 17. Jahrhunderts nicht jedermanns Sache.[88] Besonderen Zulauf wird er in diesen Gottesdiensten in St. Martini am Weserufer nicht gehabt haben. Aber er tut seinen Dienst so gut er kann, wenn er auch häufiger wegen Kränklichkeit von seinem Freund Reitz vertreten werden muß. Predigten von ihm sind unbekannt. Seine Art zu predigen jedoch kann man sich vorstellen, wenn man die Vorrede zu seinem Gesangbuch liest:[89]

Alte Gewohnheiten, fest gewurzelt; böse Exempel, hoch gehalten; kluge Schein=reden bald geglaubt; sind die drey Haupt=Seulen, darauff des Teuffels Reich zu jeder Zeit sonderlich sich gestützet. Dieses sind auserlesene Feuer=gifftige und tödtende Bösewichts=Pfeile, durch welche der Satan, wie ein lang erfahrner Tausend=Künstler, vielen, auch sonst in Welt=Sachen sehr Verständigen, so weiß das Hertz zu treffen, daß darauff der ewige Tod unvermerckt doch unfehlbar, offt plötzlich erfolgt. Was ist gemeiners bey denen, die weder kalt noch warm seynd, als auff diese Weise sich zu entschuldigen: Man solte es bey dem Alten lassen, das so viele treffliche Männer auch gethan; wan alles so genau zu halten, wer wolte dan seelig werden? Mit all dem neuen Werck, davon haben die Vorfahren ja nichts gewust. Auff solche Weise kan der Sünder seinem Gewissen eine zeitlang den Mund woll stopfen, aber vor dem Angesichte des Richters wird es nicht schweigen. Warumb begehret doch ein Reicher bey der alten Armuht nicht zubleiben? Ein Sehender bey der alten Blindheit? […]

Im Mai 1680 befällt ihn eine heftige Krankheit, die so schwer ist (Pest?), »daß man wenige Worte von ihm vernommen«[90]. Er ordnet seine Angelegenheiten in der Gewißheit des baldigen Todes. Dann läßt er den Arzt kommen und sagt ihm: »Nachdem ich erstlich mit dem Arzt meiner Seele mich besprochen habe, so will ich auch den leiblichen Arzt suchen, um meinem Gewissen Genüge zu tun durch den Gebrauch der von Gott verordneten Mittel. Allein es ist gut, daß das Herz durch Gnade gestärkt werde!«[91] Reitz, der offenbar zeitweiliger Augenzeuge an Neanders Krankenbett ist, überliefert eine Reihe von Worten des Sterbenden. So sagt er zu

Als er am Pfingst-Montag früh/ welches der Tag seines Todes war/ von dem einen Medico angesprochen ward; ob er ihn also schwach solte finden? antwortete er: Mit meiner Seelen stehet es wol; allein mein Leib ist sehr matt. Hierauff wurden ihm einige Medicamenten um zu schwitzen geordnet; welcher Schweiß dann von 8. biß ohngefähr 10. Uhr währete. Da befahl er unterdessen/ man solte ihm aus dem Brieff an die Hebräer das 7. 8. 9. und 10. Capitel vorlesen; und nachdeme dieses geschehen/ sagte er: Seynd das nicht herrliche Capitel? Er ward aber je länger je schwächer/ daß er auch sagte: Wann dieser Schweiß vorbey/ alsdann wird es mit mir geschehen seyn! worauff man auch gleich unfehlbare Zeichen des Todes an ihm verspürete. Der Medicus, welcher damals gegenwärtig/ redete ihme zu/ und fragte: wie es dann nun mit ihm wäre? Da antwortete er/ zwar mit einer halb-lallenden Zunge/ jedennoch mit vollem Verstand: Nun hat der HErr meine Rechnung gemacht! HErr JEsu/ mache mich auch bereit! Und ein wenig hernach: **Berge sollen weichen/ und Hügel hinfallen; aber meine Gnade will ich nicht von dir nehmen!** Diß waren seine letzte Worte/ und alsbald hierauf ist er zwischen 11. und 12. Uhr Mittags den 31. May 1680. sanfft und selig in dem HErrn entschlaffen. [11]

Johann Henrich Reitz über die letzten Stunden Neanders

den Anwesenden: »Ach es ist nicht so leicht, sich seiner Gemeinschaft mit Gott in Christus zu versichern, wenn man auf seinem Kranken- und Totenbett liegt als wenn man noch frisch und gesund ist! Doch ich will mich lieber zu Tode hoffen, als durch Unglauben verloren gehen!« Kurz darauf: »Herr Jesu, du hast ja gesagt: Wen da dürstet; der komme zu mir und trinke: Ach, Herr Jesu, du weißt, wie mich auch dürstet. Ach erquicke mich doch!« Als ihm etwas zu essen gereicht wird, er es aber seines

Zustandes wegen nicht nehmen kann, sagt er: »Es steht nicht allein geschrieben: Schmecket! Sondern: Schmecket und sehet, wie freundlich der Herr sei! Kann ich dann dieselbe [Speise] nicht schmecken, so kann ich sie doch sehen.« An seinem Sterbetag morgens früh fragt ihn der Arzt, wie er sich fühle, und er gibt zur Antwort: »Mit meiner Seele steht es wohl; allein mein Leib ist sehr matt.« Darauf werden ihm einige Medikamente zum Schwitzen gegeben. Neander bittet um Lesung der Kapitel 7 bis 10 des Hebräerbriefes und sagt dann: »Sind das nicht herrliche Kapitel?« Gegen Mittag wird der Sterbende immer schwächer. Da kommen seine letzten Worte: »Nun hat der Herr meine Rechnung gemacht. Herr Jesu, mache mich auch bereit! Berge sollen weichen und Hügel hinfallen, aber meine Gnade will ich nicht von dir nehmen.«

Am Pfingstmontag, dem 31. Mai 1680 zwischen 11 und 12 Uhr, verstirbt der »Psalmist des Neuen Bundes«, Joachim Neander, in seiner Geburtsstadt Bremen im Alter von 30 Jahren. Den Sonntag darauf legt Theodor Undereyk im normalen Gottesdienst nicht den vorgesehenen Predigttext, den »textum dominicalem« zugrunde, sondern nimmt »statt dessen einen auf den Tod des Herrn Joachim Neander bezüglichen Trauertext«[92], was in der theologisch immer noch uneinigen Gemeindeleitung eine Beschwerde hervorruft. Reitz schreibt 35 Jahre später: »Zwar wird er jetzt von vielen gelobet und sein Grab geschmücket, die aber gewißlich zu seiner Zeit Steine auf ihn würden geworffen haben.«[93]

Die Beerdigung hat in aller Stille auf dem St. Martini-Friedhof stattgefunden,[94] aber sein Grab ist nicht mehr bekannt.

Seine Lieder

Der Bahnbrecher

Mit Martin Luther und Paul Gerhardt gehört Joachim Neander zu den bedeutendsten Liederdichtern der evangelischen Kirche. Während Luther im Reformationsjahrhundert durch seine zahlreichen Dichtungen und Umdichtungen den beabsichtigten Prozeß des Abrückens vom lateinischen Kirchengesang einleitete und Paul Gerhardt im 17. Jahrhundert vor allem das Luthertum mit seinen tiefempfundenen Glaubensliedern bereicherte, schenkte Joachim Neander fast zur gleichen Zeit nach Ausgang des Dreißigjährigen Krieges seiner reformierten Kirche – und nicht nur ihr – unvergeßliche Lieder. Damit führte er geradezu eine Wende im reformierten Kirchengesang herbei. Bis dahin nämlich stand den Reformierten in Deutschland nur der sogenannte »Lobwasser« zur Verfügung, ein reichlich sprödes Psalmengesangbuch.

Der Reformator Johannes Calvin (1509-1564) gestattete in der Versammlung der Gemeinde nur das Wort Gottes. Und wenn im Gottesdienst gesungen werden soll? Psalmen sind »gesungenes Wort Gottes«. Deshalb beauftragte Calvin nach einem eigenen fehlgeschlagenen Versuch den Vater der neueren französischen Dichtkunst, Clément Marot (1497-1544), die Psalmen in singbare Reime zu bringen. Marot dichtete zunächst 30 Psalmen um, die meist nach weltlichen französischen Volksliedern, aber auch nach eigens komponierten Melodien gesungen werden konnten. Sie wurden freundlich aufgenommen.

Selbst am Hof von Franz I. (1494-1547, König 1515) fanden sie Eingang, nicht zuletzt durch die evangelisch gesinnte Schwester des Königs, Marguerite de Navarre, die »Margerite der Margeriten«. Der Dauphin Heinrich II. (1518-1559, König 1547), Gatte der Katharina von Medici und Geliebter der Diane von Poitiers, ließ sich nicht daran hindern, den 42. Psalm des protestantisch gesonnenen Marot zum Lieblingslied zu wählen, obwohl er selbst als König die Protestanten verfolgte. So sang denn der Valois aus der Linie der Angoulême: »Comme un cerf altéré brame« (wörtlich: Wie ein durstiger Hirsch röhrt), passenderweise nach einer Jagdmelodie, die wir übrigens in ihrer geistlichen Gestalt und mit Lobwassers Text noch heute singen (EG 617, Ps. 42: Wie der Hirsch nach frischer Quelle).

Marot, nicht zu unrecht der evangelischen Lehre verdächtigt, flüchtete 1542 aus Frankreich nach Genf, wo er weitere 20 Psalmen umdichtete. Die insgesamt 50 Marot-Psalmen brachte Calvin 1543 als erstes reformiertes Gesangbuch in Genf heraus. Sein Nachfolger Theodor Beza bereimte 1559 die übrigen 100 Psalmen, so daß der Komponist Claude Goudimel unter Hinzufügung seiner Melodien noch zu Calvins Lebzeiten 1562 die gesamte Psaltersammlung herausgeben konnte. Goudimel, der übrigens ein Lehrer Palestrinas war, wurde in der Bartholomäusnacht 1572 in Lyon ermordet.

Nicht aus dem Urtext, sondern aus dieser Goudimel-Sammlung erstellte der lutherische (!) Königsberger Professor der Rechte Ambrosius Lobwasser eine gereimte Übersetzung. Sie wurde von 1565 an für zweieinhalb Jahrhunderte das maßgebliche Gesangbuch der reformierten Kirche in Deutschland, was nicht unbedingt zum Nutzen des Kirchengesangs beitrug. Während nämlich in der lutherischen Kirche kontinuierlich Dichter auftraten, die ihrer Kirche neue Lieder schrieben, ließ in der reformierten Kirche der geradezu zum Dogma erhobene Lobwasser-Psalter keine Bemühungen neuer Kirchenlieddichtung zum Zuge kommen. Warum sollten auch Dichter ein Feld betreten, auf dem sie zur Erfolglosigkeit verurteilt waren? Die enge Bindung an die biblischen Psalmen, vom Ansatz her gewiß richtig, erstickte als Dauerprinzip jede Initiative.

> *Psalm 23 bei Ambrosius Lobwasser (1. und 2. Strophe)*
>
> Mein hüter und mein hirt ist Gott der Herre,
> Drumb förcht ich nicht daß mir etwas gewerre,
> Auff einer grünen awen er mich weydet
> Zu schönem frischen wasser er mich leytet,
> Erquickt mein seel von seines namens wegen,
> Gerad er mich führt auff den rechten stegen.
>
> Solt ich im finstern thal des todts schon gehen,
> So wolt ich doch in keinen forchten stehen,
> Dieweil du bey mir bist zu allen zeiten,
> Dein stab mich tröst, mit dem du mich thust leiten.
> Für meiner feind gesicht du mir mit fleisse
> Zurichtest einen tisch mit füll der speise.

Trotz der armseligen Reimerei, noch dazu als Übersetzung einer Übersetzung, in der die tiefe und kräftige Sprache der biblischen Psalmen fast ganz verlorengegangen und die nur durch viele Goudimelsche Melodien erträglich war, genoß »Der Lobwasser« bis ins 18. Jahrhundert und endgültig bis zu Jorissens Neubereimung 1798 [95] in der reformierten Kirche die Monopolstellung als einziges genehmigtes Gesangbuch. Er wurde zweimal im Jahr nach einer festgelegten und verbindlichen Ordnung durchgesungen.[96]

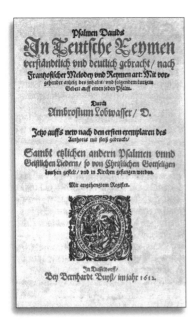 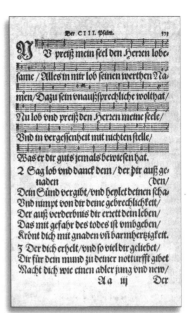

Titelseite des Düsseldorfer Gesangbuches 1612   »Lobe den Herren« (Ps. 103) nach Lobwasser

Als Bernhard Buyß 1612 das »Düsseldorfer Gesangbuch« (Reprint 1983[97]) druckte, setzte er an den Anfang den kompletten Lobwasser. Ihm folgten »etliche Psalmen vnd Geistliche Lieder/ so von Christlichen Gottseligen Männern gestellet«, 87 an der Zahl (zumeist Lutherlieder). Aber dieses Gesangbuch war kein von der reformierten Generalsynode approbiertes. Gleichwohl kann man sich denken, daß es – zumal in Düsseldorf – von Joachim Neander und der Gemeinde seiner Zeit benutzt wurde. Im Vorwort mancher Ausgaben stand eine Selbstempfehlung:

> Lobwasser recht bin ich genannt,
> den Christgläubigen wohlbekannt.
> Denn wie ein frisches Wässerlein
> erquickt dem Menschen Haut und Bein,
> also bin ich ein edler Saft
> dem, der da hat kein Stärk noch Kraft.
> Ich mach, daß, wer nur aus mir singt,
> dasselb vor Gottes Ohren klingt.
> Drum kommt all, die ihr traurig seid,
> und nehmt von mir all' Freudigkeit,
> damit ihr werdet allzugleich
> versetzet in das Himmelreich.

Aber es gab auch herbe Kritik wegen der ermüdenden Gleichförmigkeit einzelner Melodien und der hölzernen Verse. Der Spruch ging um: »Ein anderer lob Wasser, ich lob den Wein.« Es bedarf eines großen Anstoßes, einer bahnbrechenden Tat, um hier eine Änderung herbeizuführen. An dieser Stelle hat Joachim Neander seinen einzigartigen Platz. Erste Anzeichen eines Neuaufbruches in der reformierten Kirchenlieddichtung wurde zwar 1653 am Hofe der reformierten Hohenzollern sichtbar. Die Gemahlin des Großen Kurfürsten, Luise Henriette von Brandenburg, hatte für sich ein eigenes Gesangbuch anfertigen lassen, selbst zur Feder gegriffen und vier Lieder geschrieben, darunter (mit Fragezeichen) »Jesus meine Zuversicht«[98]. Was sich in diesen Jahren vollzog, war gewiß eingebettet in den Geist der Zeit, den Geist des Pietismus. Unter dessen Einfluß lockerte sich manches Erstarrte auf. Wie alle geistlichen Bewegungen schuf er auch im Lied seine eigene überzeugende Ausdrucksform, deren Stoßkraft nach einiger Zeit den ausschließlichen Psalmengebrauch bei den Reformierten beendete. Aber es war dann doch Neanders großartige, zu Herzen gehende und das Wesen des Pietismus treffende Dichtkunst und der hinreißende Schwung seiner Melodien, die unwiderstehlich diesen Prozeß zum Erfolg führten. Neander repräsentiert somit den Neuansatz des reformierten pietistischen Liedes.[99] Er wird zum dem lutherischen Kirchenliedgut ebenbürtigen Dichter in der reformierten Kirche.

Einen zweiten mutigen Schritt ging Joachim Neander in der Metrik seiner Dichtungen. Metrik bringt mit ihren Versfuß-Regeln Ordnung in ein Gedicht, eine wohltuende rhythmische Harmonie. Bis Martin Opitz (1597-1639), dem Vater der deutschen Dichtkunst, gab es sie nicht. Nur die Anzahl der Silben jeder Zeile und der Endreim mußten stimmen. Tonhebungen wurden nicht als anormal empfunden, wie nach heutigem Sprachgefühl zum Beispiel Luthers Adventslied erscheint (man lese es rhythmisch):

Nun komm, der Heiden Heiland,
der Jungfrauen Kind erkannt,
des sich wunder alle Welt,
Gott solch Geburt ihm bestellt.

Nur die dritte Zeile ist »normal«, hat keine Tonhebungen, in denen unbetonte Silben (in der ersten Zeile »Nun«, »der«, »den«, »land«) betont werden. Opitz' Poesieregeln schrieben streng die alternierenden Versfüße vor, nach der auf eine betonte Silbe immer eine unbetonte folgte. Wer als Dichter etwas bedeuten wollte, mußte diese »pedes« genau beachten. Erlaubt war der Jambus ($\smile$ –) oder der Trochäus (– $\smile$). Bei anderen Versfüßen, die aus der antiken Poesie bekannt waren, Daktylus (– $\smile$ $\smile$) oder Anapaest ($\smile$ $\smile$ –), hatte Opitz unüberwindbare Bedenken. Er hielt sie für die deutsche Sprache nicht brauchbar. Aber schon zu seinen Lebzeiten wirft August Buchner (1591-1661) Opitz' Bedenken über den Haufen.[100] Buchner, dem Günter Grass die Ehre erweist, bei seinem Dichtertreffen in Telgte aufzutreten, dichtete das Lied (EKG 538)

Der schöne Tag bricht an,
die Nacht ist abgetan,
die Finsternis vergangen.
Laß uns dein Licht umfangen,
o unser Sonn und Leben,
der Welt zum Heil gegeben.

In die Literaturgeschichte ist er eingegangen mit der »zweisilbigen Senkung«, dem sogenannten »Buchnerschen Vermaß«, dem Daktylus. Der Professor für Poesie in Wittenberg hatte einen klaren Blick dafür, daß die Opitzsche Beschränkung eine Zwangsjacke für die deutsche Dichtung bedeuten würde, gebe es doch viele daktylische Wörter wie ritterlich, sonderbar, Eitelkeit, Künstlerin, Ansehen, Dunkelheit usf. »Sollte man aber die Daktyli zurücksetzen? [...] Bisweilen geben sie dem Verse und der Rede einen sonderlichen Glanz«, so schreibt er in seinem »Kurzen Wegweiser zur deutschen Tichtkunst« – nur zwanzig Jahre nach Opitz' »Buch von der deutschen Poeterey«.

Die Dichtergenossenschaften im Land mit ihren klangvollen Namen wie »aufrichtige Tannengesellschaft«, »Elbschwanenorden« und »teutschgesinnte Genossenschaft« gerieten in Aufregung. Sie hatten sich seit 1624 in dem Bestreben zur Reinigung und Veredelung der deutschen Sprache und Poesie gebildet. Zwar machte sich die »Gesellschaft der Pegnitzschäfer« – zu ihr gehörte Harsdörffer, der Verfasser des berühmten Nürnberger Trichters, der in sechs mal sechs Stunden die ganze deutsche Dichtkunst einzuflößen versprach – den Daktylus sofort zu eigen. Aber im Kreis der »Fruchtbringenden Gesellschaft« erhebt sich Opposition gegen die Neuerung.[101] Schließlich einigt man sich darauf, den Daktylus für einen bestimmten Gedichttypus mit einer gewissen seelischen Haltung zu erlauben. Für »fröhliche, scherzende und rasende Zusammenhänge« sei der Daktylus geeignet. (Die geltenden Regeln ordneten Poesie und Musik verschiedenen Gefühlslagen zu; so stand beispielsweise die Sarabande für die Empfindungen »Neugier, Grandezza und Ernsthaftigkeit«.) Wenn es aber ernst, fromm und geistlich wird, hat der Daktylus keinen Platz, muß er dem Jambus oder Trochäus weichen. Ein klassisches Beispiel dafür bietet ein Hochzeitsgedicht aus Harsdörffers Feder, in dem es heißt

Die lispelnd und wispelnde Bächelein wudeln,
die wellen-geflügelte Fluten erstrudeln.
Najaden, die baden und waten am Rand,
die Schuppeneinwohner belaichen den Strand.

Das ist voller Spiel, Freude und lustigen Binnenreimen. Aber am Schluß dieses Gedichtes wird es hart und geistlich, also trochäisch:

Himmel, laß sie allzeit baden
in dem Brunnen deiner Gnaden.

Über diese starre Regel geht Neander hinweg – und erweist sich ein weiteres Mal als Bahnbrecher. Seine Affinität zur zweisilbigen Senkung entspricht seiner Liebe zu Partizipialkonstruktionen, die eben daktylisch sind. Die Überschriften fast aller seiner Lieder versieht er mit präsentischen und perfektischen Partizipien:

> Der Lob und Dank *Singende*
> Der am Abend *Dankende*
> Der im Licht *Wandelnde*
> Der im Herrn sich *Rühmende*
> Der die Sünden der Jugend aufrichtig *Bekennende*
> Der bußfertig *Abbittende*
> Der seine Tage *Zählende*
> Der wie der Hirsch *Schreiende*
> Der Geängstete und *Getröstete*
> Der *Lobende*

Das letzte ist die Überschrift zu »Lobe den Herren«. Das ganze Lied ist in dieser Weise gedichtet. In jeder Zeile ist die Metrik ein viergliedriger Daktylus mit einem Trochäus am Ende, wobei die letzte Zeile durch das eigentümliche Echo (so das Original) ähnlich gestaltet ist. Man kann es an der eigenen Hand, da jeder Finger drei Knöchel hat, am kleinen Finger anfangend über Ring-, Mittel- und Zeigefinger im Daktylus-Versfuß und schließlich zum Daumen, dem Trochäus, durchzählen.

> Lo-be den | Her-ren, den | mäch- tigen | Kö-nig der | Ehren
> Kl. Finger | Ringfinger | Mittelfinger | Zeigefinger | Daumen
> mei-ne ge- | lie- be- te | See-le, das | ist mein Be- | gehren.
> Kommet zuhauf, Psalter und Harfe, wacht auf,
> lasset die Musicam hören, Musicam hören!

Oskar Gottlieb Blarr nennt das den »körperlichen Aspekt« dieses Liedes. Man könne sagen, daß Neander den Fingerrhythmus als »Handstrophe« gedichtet hat. »Ist es da ein Zufall, daß das Lied fünf Strophen hat?«[102]

Es ist Neuland, auf dem sich der Dichter bewegt, wenn er geistliche Poesie mit daktylischem Versmaß versieht. Er tut es nicht nur in diesem Lied, das gerade noch das Kriterium von den »fröhlichen, scherzenden und rasenden Zusammenhängen« erfüllt. Neander geht noch weiter und wendet es auch bei ernsten Liedern an (eins von mehreren Beispielen):

> Eitelkeit, Eitelkeit, was wir hier sehen,
> Eitelkeit, Eitelkeit, was wir begehen.
> Kindliche Taten und kindliches Spiel
> ist auch der Alten ihr tägliches Ziel.

Joachim Neander überschreitet hier also zweimal eine Grenze. Er geht bahnbrechend über die festen Regeln der Dichtkunst hinaus, indem er den Daktylus für die geistliche Poesie benutzt und zudem den gesetzten Rahmen sprengt, der ernste Inhalte ausklammerte. Neanders durch und durch musische Natur konnte sich wohl schlecht damit abfinden, seine Frömmigkeit nicht auch im Dreivierteltakt auszudrücken.

Sein Gesangbuch erschien in seinem Sterbejahr 1680, vielleicht posthum, auf jeden Fall aber von ihm selbst besorgt.[103] Es ist den Predigern, Bauherren (Kirchmeistern), Diakonen und Subdiakonen der St. Martini-Gemeinde gewidmet sowie fünf »sehr vornehmen Handels-Herren« (S. 21) und trägt den Titel

A & O.
Joachimi Neandri
Glaub= und Liebes = übung:
Auffgemuntert
durch
Einfältige

Bundes = Lieder
und

Danck = Psalmen:
Neugesetzet
Nach bekant- und unbekandte Sang = Weisen
Gegründet
Auff dem / zwischen GOTT und dem
Sünder im Bluht JEsu befestigtem
Friedens = Schluß:
Zu lesen und zu singen auff Reisen / zu Hauß o=
der bey Christen = Ergetzungen im Grünen /
durch ein geheiligtes

Hertzens = Halleluja!
Cant. II. 14
Meine Taube / in den Felßlöchern / in dem Verborgen
der Steinritzen / laß mich hören deine Stimme.
Bremen / Gedruckt bey Herman Brauer
Im Jahr 1680.

Thematisch ist ein großer Teil der Lieder als Lob- und Dank- sowie als Naturlieder einzuordnen. Aber auch die Tageszeiten und die Rubriken »Tod, Gericht und ewiges Leben«, das Abendmahl, die Buße, die Rechtfertigung aus Gnaden, die Glaubensgewißheit und die Heiligung sind Themen, die in den insgesamt 57 Liedern vorkommen. Manche sind im Versmaß bekannten geistlichen Melodien angepaßt, etwa an diese: Nun freut euch, lieben Christen g'mein (EG 341), Aus tiefer Not schrei ich zu dir (EG 299), Vater unser im Himmelreich (EG 344), Kommt her zu mir, spricht Gottes Sohn (EG 363), Allein zu dir, Herr Jesu Christ (EG 232), In dich hab ich gehoffet, Herr (EG 275), Wie schön leuchtet der Morgenstern (EG 70). Hinzuzurechnen sind die damals bekannten Psalmmelodien, nach denen 20 der Neanderlieder zu singen sind. Der Rückgriff auf vorhandene Melodien, verbunden mit eigenen Kompositionen, förderte zweifellos die Verbreitung des Gesangbuches. Zudem bereitete die »innere Wahrheit der Lieder« ihnen den Weg in die evangelische Gemeinde. »Manche von ihnen müssen als die köstlichsten Perlen der evangelischen Liederdichtung betrachtet werden.«[104] Die zweite Auflage erschien schon 1683, die dritte 1687 (alle in Bremen), die vierte in Frankfurt 1689 und die fünfte 1691 in Frankfurt und Leipzig. Dieser letzteren Auflage (Strattner-Ausgabe mit veränderten und »verbesserten« Melodien) gelang der entscheidende Durchbruch, so daß bis 1730 fünfzehn weitere Auflagen folgten. Damit waren in den 50 Jahren nach Neanders Tod 20 Auflagen seines Liederbuches erschienen. Obwohl ursprünglich in Bremen ediert, fanden Neanders Lieder ihre schnellste und größte Akzeptanz in den pietistischen Kreisen des Niederrheins, zumal in Mülheim an der Ruhr, wo inzwischen Gerhard Tersteegen wirkte. »An den frommen Gesängen der Feldarbeiter erkannte man das Mülheimische Gebiet, von hier haben die Lieder Neanders ihren Siegeszug angetreten« (Wilhelm Goeters[105]). Der führte dazu, daß aus dem Tersteegenkreis 1721 in Elberfeld, dann von Tersteegen selbst der sogenannte »Große Neander« herauskam. Er trug den Titel: »Joachimi Neandri vermehrte Glaub- und Liebesübung, aufgemuntert durch einfältige Bundeslieder und Dankpsalmen, nebst einem Anhang anderer Bundes-, Glaubens- und Liebesübungen« und enthielt alle 57 Lieder Neanders in einem geschlossenen corpus, das durch zahlreiche weitere aus der Feder Tersteegens und anderer ergänzt war. Die vierte Ausgabe des »Großen Neander« wurde 1760 durch Gerhard Tersteegen in Solingen erstellt.[106]

Da mußte auch die offizielle reformierte Kirche mitziehen, obwohl sie sich aus Prinzip und Treue zum althergebrachten Lobwasser schwer tat. Schon 1698 nahm als erstes offizielles Gesangbuch das Darmstädtische Neanders Lieder in seine Sammlung auf.[107] Bei ihren Tagungen der Jahre 1731 und 1734 beschloß die Generalsynode von Jülich-Kleve-Berg-Mark die Aufnahme der Lieder Neanders (und Luthers) in das normale Kirchengesangbuch. Damit war ein halbes Jahrhundert nach Erscheinen der Erstausgabe Neanders das Lobwasser-Monopol durchbrochen. Das neue Gesangbuch der Generalsynode erschien 1738 und umfaßte – natürlich noch den Lobwasser; aber außerdem (man wollte wohl die Anzahl der Psalmen nicht überschreiten) »150 auserlesene geistliche Lieder Doctoris Martin Luther's, Joachimi Neandri und anderer gottseliger Männer«[108]. Auch die Lutheraner gaben ihre bisherige absolute Ablehnung reformierten Liedgutes in ihren pietistenfreundlichen Gesangbüchern aus der ersten Hälfte des 18. Jahrhunderts auf. Vor allem Joachim Neanders Lieder fanden bei ihnen Aufnahme. Schließlich hat »Lobe den Herren« auch in den Liedschatz der römisch-katholischen Kirche im deutschen Sprachraum Eingang gefunden.[109] Sie hat übrigens in ihrem Gesangbuch, dem »Gotteslob«, bis heute einen »Lobwasser« gleichsam als Fossil frühreformierter Kirchenlieddichtung erhalten, wenn auch in leicht veränderter Form,[110] während sich auf evangelischer Seite der »Lobwasser« heute so darstellt: Waren im alten EKG (Landesteil) noch ein Lobwasser-Lied (544 »Die Sonn hoch an dem Himmel steht«) und eine berühmte Strophe (454, 1 »Wie der Hirsch nach frischer Quelle«) zu finden, so ist er im neuen Evangelischen Gesangbuch (EG von 1996) wieder an fünf Stellen vertreten (294, 1+4 »So saget Dank und Lob dem Herren«, 459, 1 »Die Sonn hoch an dem Himmel steht«, 617, 1 »Wie der Hirsch nach frischer Quelle«, 622 zwei Strophen teilweise aus der Lobwasserübersetzung ins Ungarische übertragen, und 657 »Erheb dein Herz, tu auf dein Ohren«). Mit diesen fünf Titeln übertrifft Lobwasser sogar die Zahl der Neanderlieder im heutigen Evangelischen Gesangbuch. Hier finden sich nur noch drei von Neander (dazu Textteile und Melodien), im EKG waren es noch fünf, im RWG sechs.

»Lobe den Herren«

Wir schreiben Samstag, den 11. Juni 1879. In ganz Deutschland läuten die Glocken. Seine Majestät Kaiser Wilhelm I. und seine Gemahlin, Kaiserin Augusta von Sachsen-Weimar, begehen das Fest der Goldenen Hochzeit. Auf allerhöchsten Befehl wird zu den Feiern überall im Land als erstes Lied das gleiche gesungen: »Lobe den Herren, den mächtigen König der Ehren.« Es war schon seines Bruders, des Königs Friedrich Wilhelm IV. Lieblingslied und erklang seit 1797, dem Jahr der Krönung ihres Vaters Friedrich Wilhelm III., stündlich im Glockenspiel der Potsdamer Garnisonkirche. Abwechselnd mit Neanders Lied ließ sich hier »Üb' immer Treu' und Redlichkeit bis an dein kühles Grab …« hören, eine Melodie, die Wolfgang Amadeus Mozart 1791 zu einer aus dem Jahre 1775 stammenden Dichtung Ludwig Heinrich Höltys (1748-1776) komponiert hatte.[111] Der Text dieser ersten von fünf Strophen spiegelt die bürgerlich-aufklärende Moralvorstellung jener Zeit wieder und wurde später im Volksmund umgedichtet: »Der Kaiser ist ein lieber Mann,/ er wohnt in Berlin,/ und wär' es nicht so weit von hier,/ so zög ich gleich dahin«, wobei nach 1933 »Der Kaiser« auch durch »Der Führer« ersetzt wurde.[112] Mozart hat seine Melodie im selben Jahr 1791 für seine

Oper »Die Zauberflöte« noch einmal verwendet: »Ein Mädchen oder Weibchen ...«

Die Garnisonkirche wurde nach schweren Bombenschäden 1945 im Jahre 1968 durch die DDR-Behörden gesprengt, obwohl sie noch gut wiederherzustellen war. Aber die Stundenlieder ertönen heute wieder. Auf der Plantage, einer kleinen Parkanlage am ehemaligen Standort der Kirche, steht seit dem 14. April 1991 ein Metallgerüst mit einem neuen, ebenfalls 40 Glocken zählenden Glockenspiel.[113] Dieses hatte die »Traditionsgemeinschaft Potsdamer Glockenspiel« im westfälischen Iserlohn mit dem Ziel, es nach einer Wiedervereinigung nach Potsdam zu überführen, bereits 1987 gestiftet und erstellt.[114] So erklingen beide Lieder wieder an historischer Stätte in ihrer historischen Melodienfolge[115] und werden wohl nach der geplanten Wiedererrichtung der Garnisonskirche von neuem aus der Höhe des Turmes ertönen. Seit dem 27. Oktober 1987 läßt sich »Lobe den Herren, den mächtigen König der Ehren« auch in Europas größtem Glockenspiel, dem in den Niederlanden hergestellten, 68 Glocken zählenden »Carillon« (frz. = Glockenspiel), im Berliner Tiergarten vernehmen. Neanders Lied erschallt auch als frühes Morgenlob mit den Glöckchen vom Dachreiter der evangelischen Stadtkirche in Michelstadt/Odenwald.[116] Man hat es schon »das beste Loblied deutscher Zunge«[117] genannt, neuerdings auch als »Evergreen des Glaubens«[118] oder als »Weltweiten Kirchen-Hit« bezeichnet.[119] Der Bremer Theologe Friedrich Iken, Neanderbiograph im 19. Jahrhundert, nennt es einen »Hochgesang« und möchte ihm das Dichterwort beilegen (Schillers Gedicht »Das Mädchen von Orléans«)[120] *Dich schuf das Herz, du wirst unsterblich leben.*

Es gibt kein anderes geistliches Lied, das bei kirchlichen und familiären Feiern wenigstens teilweise von allen auswendig gesungen werden kann wie dieses.[121] Weit über Deutschlands Grenzen hinaus ist es bekannt und geliebt. So wurde es zum Beispiel auch bei der Kirchlichen Trauung des niederländischen Kronprinzen Willem Alexander mit der Argentinierin Maxima am 2. Februar 2002 in der Nieuwe Kerk in Amsterdam gesungen. Selbst in den Wedding Chapels in Las Vegas kann man es sich als »Praise to the Lord, the Almighty, the King of Creation« wünschen.[122] Seine Verbreitung kann nur mit der von »Stille Nacht, heilige Nacht« verglichen werden. Man muß es erlebt haben, wie bei oekumenischen Treffen irgendwo in der Welt das Lied zugleich in vier und mehr Sprachen gesungen wird. Ob es in Afrika erschallt oder im fernen Osten, ob es in Skandinavien gesungen oder von Radio Vatikan ausgestrahlt wird, die Zahl der Übersetzungen ist Legion. Die Abbildung (S. 59) zeigt jeweils die erste Zeile von offiziellen Übersetzungen in den betreffenden Gesangbüchern.

Potsdamer Garnisonskirche, 1945/1968 zerstört

Glocken

Üb' immer Treu und Redlichkeit bis an dein kühles Grab,
Und weiche keinen Finger breit von Gottes Wegen ab.
Dann wirst du wie auf grünen Au'n durchs Pilgerleben gehn,
Dann kannst du sonder Furcht und Grau'n dem Tod ins Antlitz sehn. —
                                            Ludwig Hölty [1748—1776].

Die Melodie, alte mitteldeutsche Volksweise, von Mozart 1775 für die
„Zauberflöte" übertragen, wurde später dem Hölty'schen Gedicht unterlegt.

Die beiden Stundenlieder des Potsdamer Glockenspiels

Spiel

Lobe den Herren, den mächtigen König der Ehren,
Meine geliebete Seele, das ist mein Begehren!
Kommet zu Hauf, Psalter und Harfe wacht auf!
Lasset den Lobgesang hören!

Joachim Neander [1650—1680].

Schon mit dem ersten Blick auf den Text ist erkennbar, daß sich Neander der reformierten Tradition entsprechend eng an den Psalter anlehnt, aber nicht mehr in bloßer Übersetzung eines Psalmes (so Lobwasser), sondern thematisch aus mehreren:

1.
Lobe den Herren ...	Ps. 103,1-2 Lobe den Herrn,
meine geliebete Seele	meine Seele (vgl. Ps. 104,1; 146,1)
den mächtigen König der Ehren	Ps. 24,7-10 daß der König der Ehre einziehe
Kommet zuhauf	Ps. 42,5 ich wollte gern hingehen mit dem Haufen[123]
Psalter und Harfe, wacht auf	Ps. 57,9 wach auf, Psalter und Harfe

5.
Lobe den Herren, was in mir ist, lobe den Namen	Ps. 103,1 Lobe den Herrn [...] und was in mir ist, seinen heiligen Namen
Alles, was Odem hat, lobe	Ps. 150,6 Alles, was Odem hat, lobe den Herrn!
mit Abrahams Samen	Ps. 105,6 ihr, der Same Abrahams[124]
Er ist dein Licht	Ps. 21,1 Der Herr ist mein Licht
Seele, vergiß es ja nicht	Ps. 103,2 meine Seele, und vergiß nicht
Lobende, schließe mit Amen.	Ps. 106,48 alles Volk spreche: Amen!

In der Überschrift (»Der Lobende«), am Anfang (»geliebete Seele«) und am Schluß (»Lobende«; nämlich: du lobende Seele) tritt wieder Neanders Vorliebe für Partizipialkonstruktionen hervor. Unter die Überschrift setzt der Dichter Psalm 103,1: »Lobe den Herrn, meine Seele, und was in mir ist, seinen heiligen Namen!« Bei fast allen seinen Liedern verfährt Neander so. Er gibt nicht nur die Bibelstellen an, sondern zitiert ihren Wortlaut, oft auch im hebräischen oder griechischen Urtext. Damit gibt er zu erkennen, daß er seine Lieder als Bibelauslegungen, sozusagen als gereimte und singbare Kurzpredigten versteht.[125] Die Predigt des Liedes »Lobe den Herren« richtet der Mensch an sich selbst, an seine Seele, an das, »was in mir ist«. Sie wird zum Lobe Gottes aufgerufen. Bei Neander erfährt die Aufforderung des Psalmes eine Pointierung. Der Dichter verleiht dem Bibelwort Nachdruck, macht das Lob des Herrn drängender: »das ist mein Begehren!«. Was ist der Grund? Es ist – hier setzt die Kurzpredigt ein – das, was die Seele geprägt hat: »meine *geliebte* Seele.« Die Seele hat nämlich die zentrale Botschaft der Bibel gehört. Sie ist von Gott geliebt. Ein Parallele zu dem egoistischen Wort des reichen Kornbauern, der sich selbst liebt, zu ziehen, wäre abwegig: »Liebe Seele, du hast einen großen Vorrat für viele Jahre ...« (Luk. 12, 19). Bei Neander ist die Liebe Gottes das Fundament, auf dem er gar nicht anders kann, als den Lobgesang anzustimmen. Die »ge-

»Lobe den Herren« in den Gesangbüchern der Welt

Afrikaans: Loofsing die Here, die Ewige, sing tot sy ere.

Arabisch: سَبِّحُوا اَلرَّبُّ اَلقَدِيرَ خَالِقَ اَلأَكْوَانِ

Bataksch (Indonesien): pudji Jahowa na sangap huhut marmulia …

Chinesisch: 現 來 上 主、全 能 神 明、宇 宙 萬 有 甘 王：

Dänisch: Lover den Herre, den mægtige konge med ære!

Englisch: Praise to the Lord, the Almighty, the King of creation!

Estnisch: Vota nüüd Issandat, vägevad Kuningat, kiita …

Finnisch: Kiitos nyt Herran! Hän korkein on kuninkahamme.

Französisch: Bénissons Dieu, notre Roi, le puissant Roi de Gloire!

Friesisch: Looyje de Hear, jou dy machtige Kening de eare.

Griechisch: Αινείτε τον Θεό το σύμπαν κι όλη η πλάση

Herero (Afrika): Tanga Jehova, ombara jovandu avehe …

Indonesisch: Pujilah Tuhan, perkasalah Raja mulia!

Italienisch: Lode all' Altissimo, lode al Signor della gloria!

Japanisch: ちからの主をほめたたえまつれ

Koreanisch: 다 찬 양 하 여라 전 능왕 창조 의 주 께

Kroatisch: Hvali Gospodina, svemocnog i dobrog Kralja!

Lettisch: Teici to Kungu, to godības ķēniņu svētu …

Nama (Namibia): !Kho-| kha re !Khuba, ne | geisa !gôasib di gao-aoba …

Niassisch (Indonesien): Su-no Je-ho-wa, ja'-i-a za-la-wa zo-ru-go!

Niederländisch: Lof zij de Heer de almachtige Koning der ere …

Niedersächsisch Platt: Sing Gott den Herren, den Himmel un Eer liggt to Fööten!

Northern Sotho (Afrika): Reta Morena wa matla, Ke Mong wa kgodišo.

Norwegisch: Lovsyng vår Herre, den mektige konge med ære!

Polnisch: Pochwal, mój duchu, mocarza wielkiego wszechświata!

Portugiesisch: Bence o senhor, o rei potente da Gloria!

Schwedisch: Herren, vår Gud, är en konung i makt och i ära.

Spanisch: Alma, bendice al Señor, Rey potente de Gloria.

Suaheli (Afrika): Njooni tumsifuni Mungu aliye Mwenyezi

Tschechisch: Chvali Hospodina, slávy v dy Kréle mocného

Tswana (Afrika): Baka Morena, Ké kgosi ya tlotlo le thata.

Tumbuka (Nordmalawi): Warumbike Ciuta witu Mlengi wa vyose!

Ungarisch: Áldjad, én lelkem, a dicsöség erös királyát!

Venda (Afrika): Renda Murena Ra-maanda, Mu-laya mahosi.

Zulu (Afrika): Bong' uJehova, iNkosi yodumo namandla.

liebte Seele« hat für das Lied initiatorische Bedeutung. Sie ist seine »unüberbietbare Begründung«[126]. Darum darf sie nicht weggelassen oder umgedichtet werden (s. unten).

Die ursprüngliche Fassung der Melodie ist sehr beschwingt und besonders reizvoll. Sie dürfte in die Zeit um 1641/42 zurückreichen.[127] In diesen Jahren gegen Ende des 30jährigen Krieges entstand sie als Studentenlied, dessen weltlicher Text von dem Studenten Johannes Heck aus Dresden in seinem handgeschriebenen Liederbuch »Cantiones hae sunt descriptae a me Johanne Heckio« – Von mir, Johannes Heck, niedergeschriebene Lieder – überliefert ist. Die erste Strophe (wieder Präsenspartizipien und Daktylen) lautet:

Seh' ich nicht blinkende,
flinkende
Sterne aufgehen?
Seh' ich nicht lachende,
wachende
Wächter da stehen?
Fällt nicht ein licht
fallende?
Und sehe nicht
wallende
Herzen der Liebe?

Der überaus zierliche und verschnörkelte, zuweilen auf Kosten des Sinnes gehende Versbau ist eine typisch barocke Spielerei. Weder Neander noch andere Kirchenliederdichter haben, wenn sie die Melodie und damit ihre Metrik übernahmen, auch den Versbau nachgebildet. Vielmehr wurden die ersten drei Zeilen und die nächsten drei zu je einer 14silbigen zusammengefaßt, zu denen dann die Kurzzeilen am Schluß wohltuend kontrastierten. Die Studentenlied-Melodie wurde schon vor Neander in den kirchlichen Gebrauch übernommen. Im Jahre 1665 erschien sie in Stralsund zu einem geistlichen Text (Abb. rechts). Indes war sie auch in der Folgezeit Wandlungen unterworfen. Ihr Weg in den ersten hundert Jahren geht aus von der wahrscheinlichen Urgestalt um ca. 1641 (allerdings erst 1679 mitgeteilt) über die beiden vorneandrischen Versionen mit dem Text »Hast du denn, Liebster«, später »Hast du denn, Jesu«. Dann folgt die Fassung Neanders von 1680 (s. auch Buchrückseite) mit dem eigentümlichen Echo hin zu Strattners Überarbeitung von 1691, der einzigen Version, die die zweite Textzeile nicht mit der Wiederholung, sondern mit einer hinzukomponierten Weiterführung der Melodie singen läßt. Der Weg der ersten hundert Jahre endet bei J. S. Bach. Er hat nach der Kantate 137 »Lobe den Herren« (19.8.1725 zum 12. Sonntag nach Trinitatis, Wiederaufführung am 25.8.1732 als Ratswahlkantate[128]) in der Kantate 57 »Selig ist der Mann« (etwa 1740 entstanden) dem Lied die Fassung gegeben, die der heute gesungenen am ähnlichsten ist.[129]

weltlich 1640/41, bei J. Heck 1679

Stralsunder Gesangbuch 1665

Elbing 1667

Joachim Neander 1680

Georg Christoph Strattner 1691

Johann Sebastian Bach 1740

Entwicklung der Melodie von »Lobe den Herren«

Es gibt Einwände gegen das Lied. Der Text ist zuweilen problematisiert worden. In Neanders 300. Todesjahr schrieb ein Journalist (Kirchenzeitung DER WEG 4.5.1980):

Der Lehrer hatte einen Pfarrer in den Religionsunterricht eingeladen. Er sollte einmal hautnah mitbekommen, wie schwer es heute ist, Gesangbuchlieder zu unterrichten. Aber der Pastor wußte das natürlich schon aus dem Konfirmandenunterricht. Dennoch war die Stunde aus der anderen Perspektive interessant. Man hatte für den Vormittag ein beliebtes Lied ausgesucht: [...] »Lobe den Herren, den mächtigen König der Ehren.« Das Lied war in jener Gemeinde lebendig, es war bekannt und beliebt, darum sollte es auch den Kindern beigebracht werden.

Die Stunde wurde eine Qual, weil fast jedes Wort in dieser Liedstrophe für die Kinder ein unbekannter Begriff ohne jeden Bezug zu ihrem Leben ist. Sie wissen nicht, was ein »König der Ehren« ist, zumeist klingt es beim Singen darum vielmehr nach »Ähren« als nach dem richtigen Sinn. »Meine geliebete Seele« ist als eine Anrede dessen, der da singt, an sich selbst, kaum deutlich zu machen. Auch das Wort »Begehren« hat heute einen völlig anderen Bedeutungshorizont als in der Barockzeit, in der dieses Lied von Joachim Neander gedichtet wurde. Die vollmundige Ausdrucksweise des Barocks, die dann ja weitergeführt wird in dem »Kommet zuhauf« und dem erbetene Aufwachen von Psalter und Harfe, hat in unserer Zeit keinen Bezug mehr zum Leben.

Das Gespräch nach jener Unterrichtsstunde wirkte halb belustigend, halb resignierend. Die beiden Männer schmunzelten über die lustigen Fehldeutungen und Mißverständnisse bei den Kindern. Aber sie waren dann doch sehr bald bei der Frage, ob es überhaupt noch Sinn habe, dieses Liedgut zu unterrichten. Die Schwierigkeiten seien einfach zu groß. Aber das Gegenargument wog schwer: Dieses sei eines der Lieder, die noch wirklich in den Familien gesungen würden. Der Lehrer fragte spitz: »Ob die Erwachsenen wohl wirklich wissen, was sie da singen?« Niemand vermochte das zu sagen. Man einigte sich auf die Bemerkung: »Die Melodie ist aber auch heute noch schön! Und vielleicht braucht man bei Liedern nicht immer alles zu verstehen. Das Singen ist wichtiger.« Aber ob es dabei bleiben kann?

Der Verfasser antwortete dem Schreiber mit einem Leserbrief (Kirchenzeitung DER WEG 1.6.1980):

Was ist das für ein Religionsunterricht, in dem kein Wort der Erklärung über »Lobe den Herren, den mächtigen König der Ehren« fällt? Dessen Fazit es ist, daß Lehrer und Pfarrer »über die lustigen Fehldeutungen und Mißverständnisse bei den Kindern« schmunzeln? Hätten sie nicht zuerst der Pflicht eigener Information nachkommen müssen?

Dann wären sie darauf gestoßen, daß Neander hier keineswegs die »vollmundige Ausdrucksweise des Barock«, sondern die immer neu zu interpretierende, bildhafte Sprache der Bibel anwendet. Sein Lied »Lobe den Herren« ist geradezu ein Musterbeispiel der Komprimation von Psalmenversen, die auch heute durchaus verständlich zu machen sind:
»König der Ehren« (Ps. 24,7-10). Kann man da nicht – bevor von Gottes Einzug in die Welt geredet wird – von der babylonischen Paradestraße (Pergamon-Museum) erzählen, auf der man die Ankunft des Gott-Königs erwartete? Als ob unsere Kinder heute nicht eine Vorstellung von Paraden hätten! »Kommet zuhauf« (Ps. 42,5 alte Lutherrevision). Menschenmengen sehen Kinder schon morgens beim Schulweg. Und ist das Wort »zuhauf« wirklich so altertümlich? Ein Fernsehreporter in der ARD-Sportschau am 3.5.1980 zum Spiel Borussia Dortmund gegen Bayern München: »Ecken zuhauf – aber keine Tore!« »Psalter und Harfe, wacht auf« (Ps. 57,9). Sind fremde Instrumente nicht reizvoll? Erwecken sie nicht gerade das Interesse von Kindern? »Meine geliebte Seele« (Ps. 103,1-2; Ps. 104,1; Ps. 146,1). Als ob es keine Selbstgespräche gäbe! Nein, EKG 234 [heute EG 317] hat andere Schwächen; nicht die, die [Name] da aufführt.

Daß die Unterrichtsstunde zur Qual wurde, lag offenbar weder an dem Lied noch an den Kindern. Der Pfarrer und der Lehrer, der da so spitz fragte. »Ob die Erwachsenen wohl wissen, was sie da singen?« müssen zuallererst sich selbst fragen lassen, ob sie wohl wissen, was sie da unterrichten.

Als pathetische Ausrufe (»Lobende, schließe mit Amen!«) und mahnende Worte (»Denke daran!«, »Vergiß nicht ...!«) verstandene Wendungen würden heute nicht mehr selbstverständlich hingenommen, so lauten andere Einwände. Menschen, die autoritäre und obrigkeitstaatliche Strukturen zu Recht abzulehnen gelernt hätten, würden dadurch nicht zur Glaubenszuversicht angeleitet werden.[130] Eine bestimmte Theologie komme in diesem Lied zum Ausdruck; ein Glaubensverständnis, das bereit sei, das ganze Leben, auch das Schlechte darin, grundsätzlich unter Gottes Vorzeichen und als sein gutes Walten anzusehen und zu interpretieren. Eigentlich sei es »in der Tat nur ein Lied für Gesunde«. Sobald aber die Überzeugung, daß das Leben ganz und gar vom mächtigen König der Ehren abhängig ist, »nicht mehr automatisch und selbstverständlich geteilt [... wird], können die Ermahnungen, die eben noch Suggestivtrost für einen starken Glauben entfalten, in Drohungen umschlagen bzw. als solche wirken«.

Auf dieser Linie wird die Kritik massiver und fundierter speziell zur ersten Zeile der zweiten Strophe erhoben: »Lobe den Herren, der alles so herrlich regieret.« Im Blick auf die schreiende Not in der Welt, auf Kriege, Verbrechen, Unterdrückung, Hunger und Gewalttaten könne man wohl nicht mehr so singen. Dorothea Sölle hat auf dem Kölner Kirchentag 1965 – unter Aufgreifen eines Wortes des Philosophen und Soziologen Theodor

Adorno – diese Kritik komprimiert und zugespitzt: »Wie man nach Auschwitz den Gott loben soll, der alles so herrlich regieret, das weiß ich nicht.«[131] Das Entsetzen über die millionenfachen Morde bleibt bestehen, wenn man dagegen Aussagen hört, gerade in Auschwitz sei die Hinwendung vieler Opfer zum verborgenen Gott das einzige gewesen, was überhaupt noch zu tun möglich war. Wenn irgendwo, dann sei hier aus der tiefsten Tiefe gebetet worden. Man denke an Maximilian Kolbe, der über Wochen im Hungerkeller von Auschwitz mit dem Psalm 71 auf den Knien lag und – bis man ihm die Phenolspritze ins Herz setzte – vor seinen gleichermaßen todgeweihten Mitgefangenen sang: »In te Domine speravi ...« – Herr, ich traue auf dich ...

Abgründiges Leid war auch den Menschen des 30jährigen Krieges nicht fremd. Hätte Paul Gerhardt nicht Klagelieder mit Anklagen gegen einen offensichtlich ohnmächtigen Gott schreiben müssen, um damit vielleicht das Lebensgefühl seiner vom Krieg und dazu von der Pest so extrem gefährdeten Zeitgenossen zu treffen? Er, Heinrich Schütz, Johann Crüger und andere haben jedoch in dieser Zeit das Lob Gottes in ergreifender und aufrichtender Weise gesungen. Die moderne Kritik an solchem absoluten Gottvertrauen, das in manchen Liedern und Gebeten vergangener Jahrhunderte zum Ausdruck kommt, hat Helmut Gollwitzer untersucht. Er sieht in dieser Kritik eine Abwertung und Mißachtung früherer Generationen.[132] Als ob solche Lieder und die Rede von Gottes Regierung in simpler Gedankenlosigkeit und naivem Optimismus entstanden seien! Die Menschen damals sagten die Worte von Gottes Führung und Vaterschaft »nicht aus sich, sondern zu sich«. Gollwitzer wörtlich:[133]

> In der Finsternis der Qual halten sie sich das Licht der Verheißung vor, rufen sich die Worte der Verheißung tröstend und mutmachend zu. Sie haben sich nicht etwa nichts, sondern sehr viel dabei gedacht. [...] Wer meint, »wir heute« könnten nicht mehr so beten, sagt damit, die damals hätten das Grauen der Welt weniger erfahren, und behandelt sie als ahnungslose Kinder; er sagt damit, die Hoffnung der Damaligen sei eine Illusion gewesen, die sich nur innerhalb gewisser Grenzen aufrecht erhalten lasse, oder die Väterlichkeit Gottes sei eine Annahme, die an sonnigen Tagen und aus leichtgläubigen Kinderherzen entstehe, aber an den Belastungsproben unseres Jahrhunderts zerbreche. [...]
>
> Dem widerspricht der christliche Glaube fundamental. [...] Daß er [sc. Gott] alles so herrlich regiert, ist kein mögliches Fazit aus der Betrachtung des Weltlaufs. [...] Ihn als Vater zu erkennen, zu lieben und anzurufen, war früher ebenso wie heute »nicht durch eigene Vernunft noch Kraft« [Luthers Kleiner Katechismus, 3. Artikel] möglich, sondern durch die dem Augenschein widersprechende [...] Kraft des Verheißungswortes selbst, durch den Geist dieses Wortes, den Heiligen Geist.

Neander kommt in seinem Lied keineswegs auf den vielleicht naheliegenden Gedanken, Gottes Weisheit und Gerechtigkeit angesichts der in der

Welt wahrnehmbaren und vom Menschen verursachten Übel zu verteidigen (Theodizee). Als Glaubender bekennt er sich einfach zu dem Herrn, der trotz allem »im Regimente sitzt« und die Welt in seiner Hand hält. Wer heute die zweite Strophe des berühmtesten Neanderliedes singt, kann es in der Erfahrung des Christen tun, daß er in seiner persönlichen Lebensführung Anlaß hat, für alles zu danken, sowohl für viel Freudiges – Genesung von Krankheit, Bewahrung bei Unfällen, familiäre Wohltaten – als auch, im Blick auf den Holocaust, dafür, daß Gott trotz allem uns mit seiner Gnade so regiert, »daß wir nicht gar aus sind« (Klagel. Jer. 3,22) und daß sich sogar aus der geschändeten Judenheit Hände der Versöhnung zu uns ausstrecken.

Fragen sind auch zur dritten und vierten Strophe zu stellen. Hier wird der Schöpfer gepriesen, der den Menschen »künstlich« (=kunstvoll) gemacht hat und ihm als Gegenüber und Partner begegnet (1. Mose 1,27). In dieser Begegnung erfährt der Mensch Gott nicht nur als den, der sichtbar segnet und allmächtig ist, sondern vor allem als Liebe (1. Joh. 4,16): »... der dir mit Liebe begegnet.« Aber geht Neander hier über Gottes Liebe als Schöpfer und Erhalter hinaus? Ist diese Liebe auch im Sinne des Heils in Christus gemeint? Der Liedtext bringt nicht die wünschenswerte Klarheit. Die gnädige Führung des Menschen scheint mehr nach seinem äußeren als nach seinem inneren Leben dargestellt zu sein, weshalb wohl der Kommentator im Handbuch des Evangelischen Kirchengesangbuches (EKG) von dem »etwas säkularen Charakter« des Liedes spricht. Neander nenne hier nicht den Namen Jesu, er brauche ein so weltliches Wort wie »Gesundheit«, man vermisse einen Bezug zur Heilsgeschichte. Im Lied müsse ein »Ehre sei dem Vater und dem Sohne ...« erklingen, damit es den Herrn preist, der der Vater Jesu Christi ist. Neander sei ganz auf die beiden Schwerpunkte Gottes Weltherrschaft (»König der Ehren«) und gnädige Führung des Einzelnen (»auf Adelers Fittichen sicher geführet«) konzentriert, wogegen er die christlichen Pole »Sünde« und »Gnade« (die im übrigen auch jüdische Propria sind) nicht erwähnt. Und doch meint der Kommentator, das Lied entspreche »der typisch bürgerlichen Frömmigkeit der evangelischen Christenheit bis in unsere Zeit. Es ist weltbezogen und doch nicht verweltlicht, es ist fromm und bleibt doch fern von aller mystischen Verstiegenheit.« Und es habe eine schwungvolle Melodie.[134]

In der Tat, wenn das Lied von Psalm 103 ausgeht, vermißt man eine augenfällige Aussage von der Vergebung Gottes als der zentralen Botschaft dieses Psalms (Verse 3.4.8-13), die auch dann, wenn der Dichter in reformierter Tradition (im Unterschied zur lutherischen) nicht über den alttestamentlichen Deutungshorizont hinausgehen will,[135] angebracht wäre. Das 150 Jahre vor Neander ebenfalls nach Psalm 103 gedichtete »Nun lob, mein Seel, den Herren« (EG 289) ist hier zweifellos eindeutiger. Ferner nimmt Neanders Lied nur auf das individuelle Leben, nirgends auf die Gemeinde Bezug, obwohl der Psalm (Verse 8 ff.) das nahelegt und dieser Gedanke auch in EG 289, besonders Strophe 4, aufgenommen ist. Wenn »Lobe den Herren« der Textanalyse nach vorwiegend ein persönliches

Loblied ist, so ist das Phänomen allerdings umso erstaunlicher, daß es sich trotzdem zu einem Lied der Gemeinde entwickelt hat.

> *1. Mose 1,27*: Gott schuf den Menschen zu seinem Bilde, zum Bilde Gottes schuf er ihn.
> *1. Joh. 4,16*: Gott ist Liebe; und wer in der Liebe bleibt, der bleibt in Gott und Gott in ihm.
> *Psalm 103, 3.4.8-13*: ... der dir alle deine Sünde vergibt [...], der dein Leben vom Verderben erlöst, der dich krönet mit Gnade und Barmherzigkeit [...]. Barmherzig und gnädig ist der Herr, geduldig und von großer Güte [...]. Er handelt nicht mit uns nach unsern Sünden und vergilt uns nicht nach unserer Missetat. Denn so hoch der Himmel über der Erde ist, läßt er seine Gnade walten über die, die ihn fürchten. So fern der Morgen ist vom Abend, läßt er unsere Übertretungen von uns sein. Wie sich ein Vater über Kinder erbarmt, so erbarmt sich der Herr über die, die ihn fürchten.
> *Lied 289,4*: Die Gottesgnad alleine / steht fest und bleibt in Ewigkeit / bei seiner lieben G'meine ...

Wie viele Kirchenlieder, so hat sich auch dieses im Lauf der Jahrhunderte manche textliche Umdichtung gefallen lassen müssen. In der Zeit der Aufklärung fängt die Flut willkürlicher »Verbesserungen« an. Bereits in dem Berliner rationalistischen Gesangbuch, dem sogenannten »Mylius« von 1770, steht

> Lobe den Herren, den mächtigen König der Ehre!
> Stimme frohlockend mit ein in die himmlischen Chöre!
> Seele, dein Dank
> schalle mit frohem Gesang
> deinem Erhalter zu Ehre!

In Frankfurt sang man diese Version:

> Lobet Jehovah, den mächtigen König der Ehren;
> laßt, o begnadigte Seelen, ein Jubellied hören!
> Jauchzt mit Gesang
> und mit dem edelsten Klang
> eurem Beherrscher zu Ehren!

Das Berliner Reform-Gesangbuch von 1829 bringt (angelehnt an Mylius) zum ersten Mal die oft abgeschriebene Umdichtung der zweiten Zeile in der 1. Strophe, die man zum Beispiel im heutigen katholischen »Gotteslob« liest, wo Neanders wichtiges Wort fortgelassen wird, daß die Seele die von Gott *geliebte* ist,:

Lobe den Herren, den mächtigen König der Ehren,
lob ihn o Seele, vereint mit den himmlischen Chören!

Nachdem die reformierte Kirche in ihrem Gesangbuch der Synoden von Jülich-Kleve-Berg und Mark vor 1838 (wie schon das Frankfurter) das »geliebete« durch »begnadigte« ersetzt hatten,[136] was wenigstens sinnähnlich ist, druckte sie 1865 ebenfalls den Berliner Text.[137] Das »geliebete« scheint wohl nicht richtig verstanden worden zu sein, denn auch das Basler Gesangbuch 1906 verbesserte Neander in »Lob ihn mit Fleiß, meine Seele! Das ist mein Begehren.«[138]

Was das »Christliche Gesangbuch zur Beförderung der öffentlichen und häuslichen Andacht im Großherzogthum Baden« von 1837 (Karlsruhe) präsentiert, kann man durchaus eine komplette Neufassung nennen (die vierte Strophe entfällt):

Lobe den Höchsten, den mächtigen König der Ehren;
lob' ihn mit Freuden, o Seele! Dies ist mein Begehren.
Schwing dich hinauf!
Psalter und Harfe, wacht auf!
Lasset ein Danklied uns hören!

Lobe den Höchsten, der Alles so herrlich regieret,
der dich mit mächtigem Arme so sicher geführet,
der dich erhält,
wie es dir selber gefällt!
Dank' es ihm innigst gerühret!

Lobe den Höchsten, der künstlich und fein dich bereitet,
der dir Gesundheit verliehen, dich freundlich geleitet.
Stets in der Not
ist er der gnädige Gott,
bleibt uns, wenn alles auch scheidet.

Lobe den Höchsten, was in mir ist, lobe den Namen!
Alles, was Odem hat, stimme voll Freuden zusammen!
Er ist dein Licht,
Seele, vergiß es ja nicht!
Lob ihn in Ewigkeit. Amen.

Das Gesangbuch von Jülich-Kleve-Berg (1838 und vorher) formulierte in der zweiten Strophe »... der, wie auf Flügeln des Adlers, dich sicher geführet«[139]. Ähnlich schrieben die Baseler 1906: »der dich auf Adlersgefieder so sicher geführet«[140]. Im »Ökumenischen Liederbuch« 1971 fängt die vierte Strophe so an: »Lobe den Herren, der sichtbar dein Leben gesegnet.«[141]

Auch an der fünften Strophe wurde gebastelt, aus lauteren und unlauteren Gründen. Einfallslos die reformierte Generalsynode von 1838:[142]

Lobe den Herren, und preise des Ewigen Namen!
Alles, was Odem hat, preise des Heiligen Namen!

Im Dritten Reich ordnete man 1935 bei den Bemühungen um Neuordnung des Choralgutes Neanders »Lobe den Herren« in die Rubrik »Dank an Gott für die körperliche Gesundheit« ein, zu singen am Tag der Arbeit (1. Mai),[143] und glaubte, allen »Judaismen« – verharmlosender sagte man auch »Hebraismen« oder generell »Archaismen« – zu Leibe rücken zu müssen. Für ein »Gesangbuch für die Jugend« forderte man zu Beginn des Krieges rigoros »Weg mit den Judaismen!« Da musste natürlich »Abraham« in der fünften Strophe weichen. Das hatte schon 1933 ein Kieler Professor für Altes Testament (!) unter dem Titel »Über alttestamentliche Bezugnahmen im evangelischen Gesangbuch und ihre Beseitigung« vorgemacht. Er publizierte eine »judenreine« Neuschöpfung. Seine Begründung beginnt er mit dem abwegigen Gedanken, »man werde sich nur schwer überreden, der Same Abrahams sei Christus« –, was niemand behauptet hatte. Wegen seiner Beliebtheit könne man den Gemeinden das Lied jedoch nicht nehmen. Eine Schlußstrophe – die ganz zu streichen er anscheinend erwogen hat – gehöre aber dazu. Der Wissenschaftler unterstellt Neander, er habe sich bei dieser Strophe »die Arbeit leicht gemacht und wohl ohne nähere Überlegung eine psalmistische Wendung reproduziert«. Diese Nachlässigkeit des Dichters »befreie« heute von der Buchstabentreue. Die Befreiung sieht so aus.[144]

Lobe den Herren;
gelobt sei der Name, der schöne.
Alles was Odem hat
lobe ihn, Väter und Söhne ...

Im Jahre 1939 kam – ausgerechnet in Neanders Geburts- und Sterbestadt Bremen, wo der Erstdruck seines Gesangbuches erschien – eine andere »entjudete Fassung« heraus:[145]

Lobe den Herren, was in mir ist, lobe den Namen!
Alles, was Odem hat, preise den heiligen Namen!

Wobei der Reim von Namen auf Namen (wie bei den Reformierten 1838) nicht gerade intelligent war. Nachdem die deutschen Feld- bzw. »Militair«-Gesangbücher von der Mitte des 19. Jahrhunderts an bis zum 1. Weltkrieg den Neandertext in allen Strophen einschließlich Abraham wortgetreu abgedruckt hatten,[146] unternahm das Feldgesangbuch aus dem Zweiten Weltkrieg[147] einfach eine Totaloperation und strich die ganze »Abraham-Strophe«.

Im katholischen Gesangbuch ist Abraham leider auch weggefallen. Dort lautet die zweite Zeile der 5. Strophe (dort die 4.): »Lob ihn mit allen, die seine Verheißung bekamen.«[148] Daß man damit zwar nicht einer antijüdischen Ideologie, aber doch auch einer schlechten Tradition folgt, ist

> Ueberall bewieß er/daß er ein gebohrner und wiedergebohrner Muficus wäre. Wordurch er dann sein andächtiges Gemüth nicht nur defto mehr zum Himmel erhube/ sondern auch andrer Leut Lieb und Zutritt/ wie ein andrer Orpheus, sich zuzog: wie man dieses auß seinen Bundes-Liedern und dabey gemachten angenehmen Melodien leicht erachten kan.

Johann Henrich Reitz über Joachim Neander (1716)

um so bedauerlicher, als diese Fassung dadurch aufgewertet wird, daß sie im neuen Evangelischen Gesangbuch als »ö« = oekumenisch angepriesen und das ganze Lied mit Noten versehen ist (316), wogegen das Neander-Original (317) ohne Noten dasteht. Dadurch wird der ursprüngliche, einmal gelernte und in der evangelischen Kirche wie kein anderer verbreitete Liedtext als sekundär eingestuft, obwohl es doch in der hergebrachten Form vielleicht das letzte Lied ist, das bei Jubiläen, Geburtstagen und Familienfeiern, bei Taufen, Konfirmationen und Trauungen noch mit so vielen Mitsingenden rechnen kann. Erinnerungsreste von Text und Melodie überdauern auch im längst entkirchlichten Bewusstsein.[149] Mit dieser »ö-Fassung« wird fatalerweise die rationalistische Version aus dem 18. Jahrhundert mit dem schon genannten »Mylius« (Berlin 1770) aufgenommen, wo es hieß: »Lob ihn mit allen, die von ihm das Leben bekamen.« Damals verließ man im Zeitalter von »Vernunft gegen Glauben« die theologische Norm reformierter Psalmenbearbeitung.[150] Ganz eindeutig lagen Neander hier Ps. 150, 6 und Ps. 105, 6a zugrunde. »Alles was Odem hat, lobe den Herrn [...] ihr, der Same Abrahams, seines Knechtes.«[151] Das alte »Cantate Domino« (1951) hat wenigstens dieses noch beachtet, indem es – unter Verlassen des unveränderbaren Strophenanfangs »Lobe den Herren« – in einer wohl einmaligen Version die letzte Strophe beginnen läßt

> Alles, was Odem hat, lobe mit Abrahams Samen
> lob ihn mit allen, die seine Verheißung bekamen!

Daß Abraham im Liedtext gestrichen wurde, muß auch aus anderer Perspektive als ein unseriöses und ungeschichtliches Unterfangen bezeichnet werden. Neander stand ganz und gar auf dem Boden der coccejanischen Föderaltheologie, für die der Bund Gottes mit Abraham als einem der Patriarchen konstitutiv zum Heilshandeln Gottes gehört. Wenn in Neanders berühmtestem Bundeslied der Bündnispartner Abraham eliminiert wird, reißt man damit das Fundament ein, auf dem der Dichter und sein Werk theologisch stehen. Auch für die Christenheit heute bedeutet

»Abrahams Samen«, sich dieses Bundes Gottes zu erinnern und zusammen mit den Juden in der Tradition der Nachkommen des Erzvaters zu stehen.

Gleichermaßen unzureichende Gründe führten zur Ersetzung der letzten Zeile des Liedes »lobende, schließe mit Amen!« durch »Lob ihn in Ewigkeit. Amen!«, so schon die Generalsynode 1838, die Baseler (s.o.), das »Gotteslob«, das »EG« (316) und die internationalen Studentenliederbücher »Cantate Domino« in beiden Ausgaben.[152] Der Dichter wollte die Überschrift »Der Lobende« ganz offensichtlich mit der letzten Zeile des Liedes wieder aufnehmen. Bei einigen Gesangbüchern (nicht im EG), wurde das Lied um eine Strophe gekürzt. Im alten und neuen »Cantate Domino« gibt es die dritte nicht mehr »... der künstlich und fein dich bereitet«, im »Gotteslob« ist es die 4. »... der deinen Stand sichtbar gesegnet«. Das oekumenische Heft »InterCant«[153] läßt sogar zwei Strophen ausfallen, die dritte und die fünfte. Alle diese Streichungen verdienen aus dem Grunde Ablehnung, weil das Lied als geschlossenes corpus aufgebaut ist.

Ein ganz moderner Text, der sich doch an Neanders Text anlehnt, erschien im Materialheft zum Berlin-Brandenburgischen Frauensonntag 2002:[154]

Lobe die Kraft, die uns Gott für das Leben gegeben.
Meine geliebte Seele, das ist mein Bestreben.
Kommet und singt,
Psalter und Harfe erklingt,
laßt uns die Stimme erheben.

Lobe die Kraft, die uns Himmel und Erde bereitet,
die uns auf schützenden Flügeln stets trägt und geleitet.
Die uns erhellt,
an unsere Seite sich stellt.
Laßt uns die Hoffnung verbreiten.

Lobe die Kraft, meine Seele, mit all deinen Gaben!
Freude und Fülle am Leben, die sollen wir haben.
Sie ist dein Licht,
das durch die Dunkelheit bricht,
laßt uns die Ängste begraben.

Bertolt Brecht contra Joachim Neander

Wenn ein Atheist Neanders berühmtes Lied aufgreift und angreift, ist das zunächst ein weiterer Beweis für den extrem hohen Bekanntschaftsgrad von »Lobe den Herren, den mächtigen König der Ehren«. Wenn der Atheist aber Bertold Brecht heißt, entspricht das geradezu der Erwartung an diesen Dichter der Moderne, hat er sich doch seit seinem Religions- und Konfirmandenunterricht in Augsburg regelmäßig mit religiösen Gestalten, Motiven und Aussagen herumgeschlagen. Keine 16

Bertold Brecht 1898-1956

Jahre war er alt, da trat das in seinem Erstlingsdrama »Die Bibel« schon zum Vorschein. Dem Christentum feindlich gesonnen, malt er hier einen Bibelglauben vor Augen, der zu einer passiven Gott- und Schicksalsergebenheit[155] erstarrt ist und keinen Impetus zur Veränderung und Verbesserung sozialer Mißstände in sich trägt. Vollends seit seinem Schwenk zum Marxismus Ende der zwanziger Jahre attackiert Brecht aus sozialistischer Sicht in zunehmendem Maße biblische Aussagen und Glaubensinhalte. Trotz dieser Einstellung ist er jedoch in seiner Diktion seltsamerweise immer wieder in der Welt des Religiösen zu finden, weshalb er vor wenigen Jahren in einem Artikel zu seinem 100. Geburtstag sogar als »beinahe Kirchenvater« apostrophiert wurde.[156] Nicht nur seine berühmte »Dreigroschenoper«, in der er Kirchenchoräle persifliert, auch »Bertold Brechts Hauspostille« zählt zu den vielen sprechenden Zeugnissen dafür. Hier stößt man auf Begriffe und Metaphern wie »Himmel« (im geistlichen Sinne), »Christenheit«, »Heiden«, »Sünde«, »himmlische Frucht der befleckten Empfängnis«, »der gute Hirt«, »sieben Engel«, »Woll's Gott«, »Bibelsprüche«, »Gottes Licht«, »Gottes Sonne« und »Gottes Erde«.[157] Der Dichter knüpft dabei wohl an die Ausdrucksweise der Bibel und des Andachts- und Gesangbuches an. Aber nicht selten entkleidet er religiös gefüllte Worte ihrer Bedeutung und verwendet sie als bloßes Material, als Werkstoff, mit dem er seinen Spott treibt oder seine atheistischen Gedanken polemisch ausdrückt. Er dreht den Inhalt um. Aus Psalmen werden Antipsalmen, aus Gottvertrauen Religionskritik, aus Glaubenshaltung die Vision jenes sozialen Glücks, das er mit der Wendung »die große Suppenfrage« umschreibt. Daß er seine Kontrafakturen mit Überschriften wie »Choral« oder »Hymne« versieht, unterstreicht nur diese Intention.

Dabei hat er es offenbar besonders auf »Lobe den Herren« abgesehen. Seltsamerweise ist ihm dieses Lied geläufig, obwohl – im Unterschied zu

»Nun danket alle Gott«, »Ein feste Burg ist unser Gott« und »Befiehl du deine Wege« – Neanders Lied nicht als Memorierstoff in Brechts Augsburger Religionsunterricht belegt ist.[158] Er kennt es wahrscheinlich von seinen Eltern oder vom Gottesdienstbesuch. In seinem Stück »Die heilige Johanna der Schlachthöfe« (1931), das mit dem »schwarzen Freitag«, dem Börsenkrach an der Wallstreet (25. 10.1929), endet, stellt er eine religiöse Haltung bloß, die Arme und Obdachlose zugleich vertröstet und ausbeutet. Mehrmals treten Angehörige der Heilsarmee – die »Schwarzen Strohhüte« – auf. In der siebten Szene des Stückes sitzen sie an einem langen Tisch, zählen aus ihren Blechbüchsen die gesammelten Scherflein und singen ganz in neandrischer Metrik, d. h. mit fünfgliedrigem daktylischem Anfang:

> Sammelt mit Singen die Pfennige der Witwen und Waisen!
>   Groß ist die Not!
>   Haben nicht Obdach noch Brot!
>   Doch der allmächtige Gott
> wird auch sie irgendwie speisen.[159]

Einen weiteren ideologisch-polemischen Rückgriff auf das evangelische Kirchenlied erlaubt sich Brecht in seinen »Hitler Chorälen« (von ihm alternativ als »Choräle der Bekenntniskirche« bezeichnet[160]), die er 1934 im dänischen Exil geschrieben hat. Wiederum muß – neben »Nun danket alle Gott«, »Befiehl du deine Wege«, »So nimm denn meine Hände« und »Ein feste Burg ist unser Gott« – Neanders Loblied herhalten zu dem Zweck, den braunen Diktator (er nennt ihn in Anspielung auf Hitlers gescheiterte Malerkarriere den »Anstreicher«) zu verhöhnen. In sechs Strophen neander-ähnlicher Machart enthüllt er den Widerspruch hitlerscher Politik zu dem Kult des ergebenen Volkes um seine Person (»Bittet den Anstreicher...«), um dann in der letzten (7.) Strophe hellseherisch das Unheil zu beschwören.[161]

> Lobet den Führer, den jeder durch Mark und durch Bein spürt!
>   Dort ist ein Sumpf
>   Und hier erwarten wir dumpf
> Daß uns der Führer hineinführt!

In seinem »Großen Dankchoral« (1920) wird die Affinität zu Neanders Lied am deutlichsten. Man könnte diese Strophen Brechts sogar als atheistisch-nihilistische Umdichtung von »Lobe den Herren« bezeichnen, folgt er hier (ohne die zweite Anfangszeile) doch nicht nur der Melodie und Metrik des Chorals, sondern behält auch die im Original nicht unwichtige Fünfzahl der Strophen bei. Mit dem »Lob« der Nacht, pessimistisch-nihilistisches Sinnbild des Lebens, setzt er ein und führt über das Gras, die Tiere und den Baum – dieser erhält in Brechts Werk an vielen Stellen einen besonderen Platz[162] – in Strophe vier zu seiner betont atheistischen Aussage, die den Nihilismus der letzten Strophe zur Konsequenz hat.

Joachim Neander: Der Lobende *Bert Brecht: Großer Dankchoral*[163]

1.
Lobe den Herren,
den mächtigen König der Ehren,
meine geliebte Seele,
das ist mein Begehren.
Kommet zuhauf
Psalter und Harfe, wacht auf,
lasset den Lobgesang hören!

Lobet die Nacht und die Finsternis,
die euch umfangen!
Kommet zuhauf
Schaut in den Himmel hinauf:
Schon ist der Tag euch vergangen.

2.
Lobe den Herren,
der alles so herrlich regieret,
der dich auf Adelers Fittichen
sicher geführet,
der dich erhält,
wie es dir selber gefällt;
hast du nicht dieses verspüret?

Lobet das Gras und die Tiere,
die neben euch leben und sterben!
Sehet, wie ihr
Lobet das Gras und das Tier
Und es muß auch mit euch sterben.

3.
Lobe den Herren, der künstlich
und fein dich bereitet,
der dir Gesundheit verliehen,
dich freundlich geleitet.
In wieviel Not
hat nicht der gnädige Gott
über dir Flügel gebreitet.

Lobet den Baum, der aus Aas
aufwächst jauchzend zum Himmel!
Lobet das Aas
Lobet den Baum, der es fraß
Aber auch lobet den Himmel.

4.
Lobe den Herren,
der deinen Stand sichtbar gesegnet,
der aus dem Himmel
mit Strömen der Liebe geregnet.
Denke daran,
was der Allmächtige kann,
der dir mit Liebe begegnet.

Lobet von Herzen das schlechte
Gedächtnis des Himmels!
Und daß er nicht
Weiß euren Nam' noch Gesicht
Niemand weiß, daß ihr noch da seid.

5.
Lobe den Herren,
was in mir ist, lobe den Namen.
Alles, was Odem hat,
lobe mit Abrahams Samen.
Er ist dein Licht;
Seele, vergiß es ja nicht.
Lobende, schließe mit Amen!

Lobet die Kälte, die Finsternis
und das Verderben!
Schauet hinan:
Es kommet nicht auf euch an
Und ihr könnt unbesorgt sterben.

Im sauerländischen Arnsberg hat eine Schulklasse 13 der Gymnasialen Oberstufe im Kurs Religion '98 – auf Anregung ihres Lehrers und eingebettet in eine Unterrichtsreihe »Religionskritik in der Moderne« – eine kritische Gegenüberstellung von Neanders »Lobe den Herren« mit Brechts »Großem Dankchoral« gewagt.[164] Die 17 bis 19 Jahre alten Schülerinnen und Schüler, ohne Unterschied der Konfession im Klassenverband vereint, waren mit Neanders Lied vertraut. Ihnen wurde, das war das Konzept des Lehrers, bei der Gegenüberstellung der Gedichte natürlich die unterschiedliche Glaubens- und Lebenseinstellung in beiden Texten bewußt: Hier Neanders Loblied auf den nahen, schützenden, allmächtigen Gott, dort Brechts Abgesang auf die menschliche Verlassenheit im gottlosen Raum. Eine Reihe von Schülerinnen und Schülern hat dann zum Thema ihre eigenen Gedanken in Gedichtform, hier und da im Anklang an die Vorlagen und gewiß auf sprachlich unterschiedlichem Niveau, zu Papier gebracht (Auszüge):

Lobet das Leben
(egal wer es erschaffen hat)

Lobet das Leben, das alle Menschen besitzen!
Lobt es, obwohl wir bei Arbeit und Schule oft schwitzen!
Hat es 'nen Sinn?
Wo führt der Lebensweg hin?
Irgendwer wird es schon wissen!

Lobet die Freude, die alle tagtäglich erfahren!
Lobt sie, obwohl viele Menschen erleiden nur Qualen!
Gibt's einen Gott?
Stellt er uns alle ans Schafott?
Irgendwann werden wir's sehen!

Lobet die Liebe, die fast alle Menschen beglücket!
Lobt sie, obwohl sie nicht alle Menschen verzücket!
Ist alles gerecht?
Ist unser Gott wirklich so schlecht?
Glaubt nur, und ihr werdet verstehen!

Lobe???

1. Lobe den Herren und seine wunderbaren Werke!
   Alles begann mit der Erschaffung von Himmel und Erde!
   Glaube es mir,
   Gott ist die Ursache von allem,
   Er schuf also auch dich und mich.

2. Lobe die Wissenschaft und ihre logischen Erkenntnisse!
   Es ist doch klar,
   Es gab mal einen großen Knall,
   Dadurch ist das Weltall entstanden.

3. Lobe den Herren, denn er weist uns den Weg in unserm Leben!
   Lob ihn, denn er kann dir moralische Maßstäbe geben!
   Sehet es all,
   Er gab dem Kosmos seine Ordnung,
   Und er bestimmt den Lauf der Welt!

4. Lobe die Wissenschaft, denn sie sagt aus,
   Es ist eindeutig,
   Der Lauf der Welt ist purer Zufall,
   Und der Kosmos ist das reinste Chaos!

5. Ob die Theologie oder die Wissenschaft, es ist völlig egal!
   Denn mir ist klar,
   Ich muß mein Leben selber führen,
   Und wer nun wirklich recht hat,
   werde ich noch früh genug erfahren!

Lobet das Leben

1. Lobet das Leben, den Tag und die Nacht euch gegeben
   Kommet zuhauf
   Seht doch, wie alles lebt auf
   Und es ist dir gegeben.

2. Lobet die Natur, sie hat dies alles geschaffen,
   Die dich erhält,
   Wie es dir selber gefällt.
   Warum willst du sie abschaffen?

3. Lobet den Menschen, der dir gefällt!
   Denke daran,
   Was man nicht alleine kann!
   Sehet, wie schön diese Welt!

4. Lobet den Freund und die Freundschaft auf Erden!
   Merke dir gut,
   Daß nur der Friede tut gut,
   Und den Krieg kannst du entbehren.

5. Lobet das Leben, den Tag und die Nacht!
So nutze den Tag,
Und nutze die Nacht,
Dann kannst du auch ruhig entschlafen.

Eine Stimme, die mich lenkt

[...]

Lobe den Herren, der Wissen mir gab und die Seele!
Schenkte mir Sprache zum Du. Er weiß, was mir noch fehle.
Der mich noch hält,
Wenn selbst der Zweifel mich quält.
Er läßt mich stets neu beginnen.

Lobe den Herren, der Menschen mir gab, die mich mögen!
Denen ich Freund sein kann, Hilfe und Trost nach Vermögen.
Lob Jesu Christ,
Der mir ein Bruder stets ist!
Er gibt mir Hoffnung zum Leben.

Religionskritik in der Moderne ist für die Literaturgeschichte gewiß kein abgeschlossenes Phänomen. Schon Heinrich Heine übte sie im 19. Jahrhundert mit wechselnden Motiven und setzte ihr verschiedene Akzente. Im 20. Jahrhundert hat wohl kein Literat so wie Brecht den Gottesglauben als Vertröstung und Verführung, ja gemäß marxistischer Ideologie als »Opium fürs Volk« angeprangert. Daß er sich dabei religiöser Terminologie bedient, macht einerseits seine Pfeilspitzen noch schärfer, zeigt andererseits aber auch, daß er durchaus in christlicher Tradition steht. Tatsächlich erinnern zahlreiche Figuren seiner Dichtung mit ihrer Güte, Hilfsbereitschaft und Freundlichkeit an biblische Gestalten und Maximen, an die christlichen Kardinaltugenden der Nächstenliebe und Barmherzigkeit.[165] Auf die Frage, welches er für das wichtigste deutsche Buch hielte, gab er die Antwort: »Sie werden lachen: die Bibel.«[166] Vielleicht ist das auch ein Grund für jenen Ausspruch, der als Ansatz einer Selbstkritik eines Mannes gewertet werden kann, der sich in die unheilvolle politisch-ideologische Praxis des Staates verstrickt sah, den er nach dem Krieg zu seiner Heimat erkor. Nach dem 17. Juni 1953 in der DDR bemerkte er, die Regierung möge sich doch ein neues Volk wählen, wenn das vorhandene sie enttäuscht habe.

Vielfalt des Lobpreises

Joachim Neander besaß die große Gabe, seine goldenen Äpfel auch noch in silberner Schale darreichen zu können. So hat er zu einigen seiner Liederdichtungen Melodien komponiert. Am bekanntesten ist die zu »Wunderbarer König« (EG 327), eine hinreißende Melodie, die Gerhard Tersteegen später zu seinem berühmten »Gott ist gegenwärtig« (EG 165) wählte. Die Melodie zu »Tut mir auf die schöne Pforte« (EG 166) bzw. »Weicht, ihr Berge, fallt, ihr Hügel« (EG 645) stammt ebenfalls von Neander sowie die Melodie von »Eins ist Not! Ach Herr, dies eine« (EG 386), die eine Bearbeitung seiner Komposition ist.

Neanders Lieder vermitteln ein deutliches Bild seiner Frömmigkeit. Seine Gedanken leben in der Föderaltheologie. Aber »lange vor einer feministischen Theologie hat er schon vom Mutterherzen Gottes gesprochen«.[167]

> Mutterherze will zerbrechen
> über ihres Kindes Schmerz;
> du wirst dich an mir nicht rächen,
> o du mehr als Mutterherz![168]

Im folgenden sind sechs Lieder ausgesucht und nach einer späteren Numerierung beziffert, die Neander in seiner Erstausgabe nicht vorgenommen hatte. Die Bibelstellen geben zum Teil mehr Text an, als Neander drucken ließ:[169]

Nr. 1. Grund der Seligkeit

Hes. 37, 26 und 27:
Ich will mit ihnen einen Bund
des Friedens machen,
das soll ein ewiger Bund sein.

Melodie: Nun freut euch,
lieben Christen g'mein (EG 341)

Der Bundesgott:
Ich bin dein Gott, dein höchstes Gut,
ich bin mit dir versöhnet.
Es hat gekostet teures Blut,
so oft durch Sünd verhöhnet.
Gottlose mach ich Herr gerecht,
und wer da war des Teufels Knecht,
wird mein Kind und mein Erbe.

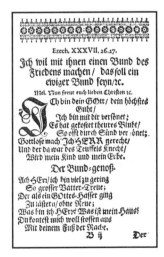

Neanders Gesangbuch 1680

Der Bundesgenosse:
Ach Herr, ich bin viel zu gering
so großer Vatertreue,
weil ich als Gotteshasser ging
zu lästern ohne Reue.
Was bin ich, Herr, was ist mein Haus?
Du konntest mich wohl stoßen aus
von deinem Angesichte.

Der Bundesgott:
Nein, nein; mein freier Gnadenbund,
ein Bund von Fried' und Güte,
ein Bürge, der im Mittel stund,
macht, daß ich dich behüte.
Ein Gott des Sünders ich nun bin;
doch mußt du haben Christi Sinn
und nicht in Sünden bleiben.

Der Bundesgenosse:
So schaff in mir ein reines Herz,
du Schöpfer aller Dinge.
Und bessre mich durch Reu und Schmerz,
den alten Adam zwinge.
Ich kann ja gar nichts ohne dich,
O Gott des Bundes, stärke mich,
von Rat und Tat großmächtig!

Der Bundesgott.
Ich habe schon an dich gedacht
durch ewiges Erbarmen.
Dein Jesus hat es fest gemacht,
lauf, lauf zu seinen Armen.
Zur Weisheit und Gerechtigkeit,
zur Heiligung ist er bereit,
Erlösung ist er worden.[170]

Daß Neander dieses Lied an den Anfang gesetzt hat, ist seiner Neigung zur Bundestheologie zuzuschreiben und entspricht dem Titel seines Gesangbuches »Bundeslieder und Dankpsalmen«. Es ist ein Zwiegespräch der ungleichen Bündnispartner. Gott als der Begründer des Bundes beginnt mit der Zusage »Ich bin dein Gott«, die an das erste Gebot erinnert (»Ich bin der Herr, dein Gott«). Im Unterschied zur reformierten Orthodoxie verstand die Föderaltheologie des Coccejus die Gebote nicht als Anleitung zur Sündenerkenntnis, sondern als frohe Botschaft und ordnete sie ein als Station der Bundschließungen von Adam bis zur Vollendung in Christus.

Nr. 4. Der am Abend Dankende

Luk. 24,29:
Bleibe bei uns, denn es will Abend werden
und der Tag hat sich geneigt.
Melodie: Die Sonn hat sich mit ihrem Glanz gewendet (EG 476)

Der Tag ist hin, mein Jesu bei mir bleibe.
O Seelenlicht, der Sünden Nacht vertreibe;
geh auf in mir, Glanz der Gerechtigkeit,
erleuchte mich, ach Herr, denn es ist Zeit.

Lob, Preis und Dank sei dir, mein Gott gesungen,
dir sei die Ehr, daß alles wohl gelungen
nach deinem Rat, ob ichs gleich nicht versteh;
du bist gerecht, es gehe, wie es geh.

Nur eines ist, das mich empfindlich quälet:
Beständigkeit im Guten mir noch fehlet.
Das weißt du wohl, o Herzenskündiger,
ich strauchle noch wie ein Unmündiger.

Vergib es, Herr, was mir sagt mein Gewissen;
Welt, Teufel, Sünd hat mich von dir gerissen.
Es ist mir leid, ich stell mich wieder ein,
da ist die Hand: du mein, und ich bin dein.

Israels Schutz, mein Hüter und mein Hirte,
zu meinem Trost dein sieghaft Schwert umgürte;
bewahre mich durch deine große Macht,
wenn mir der Feind nach meiner Seele tracht'.

Du schlummerst nicht, wenn matte Glieder schlafen.
Ach laß die Seel im Schlaf auch Gutes schaffen.
O Lebenssonn, erquicke meinen Sinn.
Dich laß ich nicht, mein Fels. Der Tag ist hin.[171]

Ausgehend von der Bitte der Emmausjünger wird mit den Worten »Seelenlicht«, »Sündennacht«, »Glanz der Gerechtigkeit« und »Erleuchte« die Szenerie der einbrechenden Nacht im geistlichen Sinne gedeutet. Dem Dank an Gott schließt sich das Bekenntnis der eigenen Schwachheit und Sünde an. Dem folgt die Bitte um Vergebung und Bewahrung, während am Schluß in Anklängen an Psalm 121,4 (»Der Hüter Israels schläft noch schlummert nicht«) und 1. Mose 32,27 (»Ich lasse dich nicht, du segnest mich denn«) eindrucksvoll die ersten Worte des Liedes wiederholt wird: Der Tag ist hin.

Nr. 9. Der am Morgen und Abend,
Geburts- oder Neujahrstage Gott Suchende

Hiob 7, 17 und 18:
Was ist der Mensch,
daß du ihn groß achtest?

Melodie: Wie der Hirsch nach frischer Quelle (EG 613)

         der Tag
Abermal   ein Jahr   verflossen,
         die Nacht
näher zu der Ewigkeit!
wie ein Pfeil wird abgeschossen,
so vergehet meine Zeit.
O getreuer Zebaoth,
unveränderlicher Gott,
ach was soll, was soll ich bringen,
deiner Langmut Dank zu singen?

Ich erschrecke, mächtig Wesen,
Angst und Furcht bedecket mich;
denn ich bin noch nicht genesen,
noch nicht ganz gewandt auf dich.
Heilig! Heilig! Heiliger
großer Seraphinen Herr!
Wehe mir, ich muß vergehen,
denn wer kann vor dir bestehen?

Neanders Gesangbuch 1680

Aber du bist auch sanftmütig,
o du treues Vaterherz;
in dem Bürgen bist du gütig,
der gefühlt des Todes Schmerz.
Steh ich nicht in deiner Hand
angezeichnet als ein Pfand,
das du ewig willst bewahren
vor des alten Drachen Scharen?

Auf, mein Herz, gib dich nun wieder
ganz dem Friedensfürsten dar;
opfre dem der Seelen Lieder,
welcher krönet Tag und Jahr.
Fang ein neues Leben an,
das dich endlich führen kann
mit Verlangen nach dem Sterben,
da du wirst die Kron ererben.

Soll ich denn in dieser Hütten
mich ein Zeit lang plagen noch,
so wirst du mich überschütten
mit Geduld, das weiß ich doch.
Richte dann dein Herz auf mich,
Jesu Christe, du und ich
wollen ewig treu verbleiben
und von neuem uns verschreiben.

An dem Abend und dem Morgen,
o mein Rat, besuche mich;
laß der Heiden Nahrungssorgen
nimmer scheiden mich und dich.
Prüf mich jeden Augenblick,
gib, daß ich mein Haus beschick,
daß ich wache, bet und flehe,
ehe denn ich schnell vergehe.[172]

Das von Neander nicht nur für den Jahreswechsel vorgesehene, im RWG (Nr. 357) noch enthaltene Lied beginnt mit einer Betrachtung über die Vergänglichkeit der Zeit und das Heranrücken der Ewigkeit und wendet sich dann in Gebetsform dem beständigen Gott zu, vor dem er das Bekenntnis seiner Schuld ablegt. Es ist wörtlich Jesaja 6 nachgebildet (Jesajas Berufung, auch Abendmahlsliturgie: Heilig, heilig, heilig ist Gott, der Herre Zebaoth).

Nr. 36. Der zum Singen sich Aufmunternde

Psalm 57,8:
Gott, mein Herz ist bereit, daß ich singe und lobe.
Melodie: Sieh, hier bin ich, Ehrenkönig (RWG 516)

Sieh, hier bin ich, Ehrenkönig,
lege mich vor deinen Thron;
schwache Tränen, kindlich Sehnen
bring ich dir, du Menschensohn.
Laß dich finden, laß dich finden
von mir, der ich Asch und Ton!

[...]

Ich begehre nichts, o Herre,
als nur deine freie Gnad,
die du gibest, wo du liebest
und man dich liebt in der Tat.
Laß dich finden, laß dich finden,
der hat alles, der dich hat.

Neanders Gesangbuch 1680

Himmelssonne, Seelenwonne,
unbeflecktes Gotteslamm!
In der Höhle meine Seele
suchet dich, o Bräutigam.
Laß dich finden, laß dich finden,
starker Held aus Davids Stamm!

[...]

Dieser Zeiten Eitelkeiten,
Reichtum, Wollust, Ehr und Freud
sind nur Schmerzen meinem Herzen,
welches sucht die Ewigkeit.
Laß dich finden, laß dich finden,
großer Gott, ich bin bereit.

Es fällt auf den ersten Blick die vorletzte Zeile auf, die refrainartig in jeder Strophe wiederkehrt. Dieses »Laß dich finden, laß dich finden«, auch in der Melodie besonders hervorgehoben, gibt das Thema des ganzen Liedes an. Die flehentliche Bitte um Vereinigung mit Jesus wird in zahlreichen Varianten wiederholt und mündet ein in das die Welt hinter sich lassende Heimweh nach der Ewigkeit, das mit dem vom Dichter zitierten und umgedeuteten Bibelwort »Mein Herz ist bereit« (daß ich singe und lobe, Ps. 57,8) ausgedrückt wird.

Nr. 41. Der zum Lob des Herrn Anspornende

Psalm 150,6:
Alles, was Odem hat, lobe den Herrn!
Eigene Melodie Neanders (EG 327)

Wunderbarer König, Herrscher von uns allen,
laß dir unser Lob gefallen.
Deine Vatergüte hast du lassen fließen,
ob wir schon dich oft verließen.
Hilf uns noch,
stärk uns doch;
laß die Zunge singen,
laß die Stimme klingen.

Himmel, lobe prächtig deines Schöpfers Taten
mehr als aller Menschen Staaten.
Großes Licht der Sonne, schieße deine Strahlen,
die das große Rund bemalen.
Lobet gern,

Mond und Stern,
seid bereit, zu ehren
einen solchen Herren.

O du, meine Seele, singe fröhlich, singe,
singe deine Glaubenslieder;
was den Odem holet, jauchze, preise, klinge;
wirf dich in den Staub darnieder.
Er ist Gott
Zebaoth,
er nur ist zu loben
hier und ewig droben.

Halleluja bringe, wer den Herren kennet,
wer den Herren Jesus liebet;
Halleluja singe, welcher Christus nennet,
sich von Herzen ihm ergibet.
O wohl dir!
Glaube mir:
Endlich wirst du droben
ohne Sünd ihn loben.

Neben »Lobe den Herren« ist dies das bekannteste Lied Neanders und sein einziges heute gesungenes, zu dem er auch die Melodie geschrieben hat. Auch hier finden wir am Schluß jeder Strophe ursprünglich den Echoeffekt im piano, allerdings eine Oktave tiefer. Das Lied ist eine mit der Melodie unterstrichene, schwungvolle Einladung zum Lobe des Schöpfers. Psalm 8,2 »Herr, unser Herrscher, wie herrlich ist dein Name in allen Landen« (Ps. 8) hat in der ersten Strophe die Feder geführt (weiter Ps. 119,108 und Jer. 2,13). Anders als bei »Lobe den Herren« tritt Gott hier in erster Linie als Herrscher seines Volkes ins Blickfeld, erscheint aber gleichwohl als gütiger Vater.[173] Die zweite geht auf Ps. 18,15 zurück: »Die Himmel erzählen die Ehre Gottes, und die Feste verkündigt seiner Hände Werk« (weiter Ps. 144,6 und Ps. 148,3). Die Himmelskörper werden zum Lob Gottes aufgefordert. Spielt hier eine Rolle, daß die Zeit des Dichters einen epochalen naturwissenschaftlichen Höhepunkt aufweist? Neander war nur sieben Jahre jünger als Isaac Newton.

Neanders Gesangbuch 1680

Die dritte erinnert an Ps. 150, 6: »Alles, was Odem hat, lobe den Herrn!« (weiter 2. Sam. 7,26). In der vierten erfährt das Lied seinen Höhepunkt. Was in »Lobe den Herren« fehlt und als Manko empfunden werden kann, ist hier als Ziel allen Lobens ausgedrückt. Bisher in reformierter Weise Psalmworte assoziierend, greift der Dichter nun ins Neue Testament: 2. Tim. 2,19 »Der Herr kennt die Seinen«. Das ist im vollen biblischen Sinne zu verstehen: Zum »Kennen« gehört das »Lieben«. So wendet Jesus sich den Seinen zu, und gleichermaßen erwidern sie sein Kennen und Lieben in ungeteilter Hingabe des Herzens. Unter Nennung des Jesusnamens erfährt das Lied hier seinen spezifisch christlichen Akzent und nimmt zugleich das Halleluja vieler Psalmen auf. Der eschatologische Schluß stellt vor dem Hintergrund der Unvollkommenheit selbst der schönsten Lobgesänge die Sehnsucht nach der Vollendung vor Augen: »Endlich wirst du droben ohne Sünd ihn loben.«

Nr. 42. Der in Gottes Geschöpfen sich Erlustigende

Apostelgeschichte 14,17:
Gott hat sich nicht unbezeugt gelassen durch Guttun.
Melodie: Himmel, Erde, Luft und Meer (EG 504)

Himmel, Erde, Luft und Meer
zeugen von des Schöpfers Ehr;
meine Seele, singe du,
bring auch jetzt dein Lob herzu.

Seht, das große Sonnenlicht
an dem Tag die Wolken bricht;
auch der Mond, der Sterne Pracht
jauchzen Gott in stiller Nacht.

Seht, wie Gott der Erde Ball
hat gezieret überall.
Wälder, Felder, jedes Tier
zeiget Gottes Finger hier.

Seht, wie fliegt der Vögel Schar
in den Lüften Paar bei Paar.
Blitz und Donner, Hagel, Wind
seines Willens Diener sind.

Seht der Wasserwellen Lauf,
wie sie steigen ab und auf;
von der Quelle bis zum Meer
rauschen sie des Schöpfers Ehr.

> **162**
> Der in GOttes Geschöpffen sich
> Erluſtigende.
> Act. XIV. 17.
> Ουκ ἀμάρτυρον ἑαυτὸν ἀφῆκεν ἀγαθοποιῶν ὁ Θεός.
> **GOtt hat ſich nicht unbezeugt gelaſſen/
> durch Guht thun.**
> Mel. Pſ. 136. Lobt den HErren inniglich / ꝛc.
>
> Himmel / Erde / Lüfft und Meer
> Zeugen von des Schöpffers Ehr;
> Meine Seele ſinge du/
> Bring auch jetzt dein Lob herzu!
> 2.
> Seh't / das groſſe Sonnen-Licht/
> An dem Tag/ die Wolcken bricht/
> Auch der Mond und Sternen-Pracht
> Jauchtzen GOtt bey ſtiller Nacht.
> 3.
> Seh't / der Erden runden Ball
> GOtt gezier't hat überall/
> Wälder / Felder mit dem Vieh
> Zeigen GOttes Finger hie!
> 4.
> Seh't / wie fleugt der Vogelſchaar
> In den Lüfften paar bey paar;
> Donner / Blitz / Dampff / Hagel / Wind/
> Seines Willens Diener ſind.
> 5. Seh't
>
> **163**
> 5.
> Seh't der Waſſer-Wellen Lauff/
> Wie ſie ſteigen ab und auff/
> Durch ihr Rauſchen ſie auch noch/
> Preiſen ihren Herren hoch.
> 6.
> Ach mein GOtt / wie wunderlich
> Spüret meine Seele dich!
> Drücke ſtets in meinen Sinn/
> Was du biſt / und was ich bin.
> (Iſt auch ein Reiſe-Lied zu Land und Waſſer.)
>
> **Frühlings-Luſt im Garten.**
> Cantic. II. II. 12.
> הנה הסתו עבר: הנצנים נראו בארץ עת הזמיר הגיע׃
> **Siehe / der Winter iſt vorbey/ die Blumen werden geſehen im Lande. / der Frühling (oder die Sing-Zeit) iſt gekommen.**
> Mel. Pſ. 116. Ich lieb den HErren ꝛc.
>
> Ich ſehe dich / O GOttes Macht allhie!
> Verwundre mich O HErr in deinen Wercken/
> Die du mir läſſeſt mannigfaltig mercken/
> Fußſtapfen deiner Liebe zeigen Sie!
> M ij   2. Wie

Neanders Gesangbuch 1680

Ach, mein Gott, wie wunderbar
stellst du dich der Seele dar!
Drücke stets in meinen Sinn,
was du bist und was ich bin.[174]

Das Lied ist von so großer Einfachheit, Aussagekraft und Harmonie, daß man sich wundert, daß es bis heute nicht im Hauptteil des EG, sondern nur im landeskirchlichen Teil enthalten ist. Ein Vergleich mit Paul Gerhardts genialem »Geh aus, mein Herz, und suche Freud« zeigt, daß dieser in den Strophen 2 bis 6 lediglich eine Naturbeschreibung bringt, während Neander in jeder Strophe den Blick auf den Schöpfer richtet. Sie beginnen (2. bis 5.) einheitlich mit der Aufforderung »Seht« und lenken dann auf die Hauptsache. Von Gott ist in der dritten Person die Rede, aber in der letzten geht der Dichter zur zweiten Person, also zur Gebetsform über. In den ersten Ausgaben der Neanderlieder sind die letzten beiden Zeilen durch Majuskeln besonders hervorgehoben (siehe oben):

DRÜCKE STETS IN MEINEN SINN/
WAS DU BIST UND WAS ICH BIN!

Das Neandertal vor der Zerstörung. Gemälde von Koekkoek 1843

Sein Tal

Das Gesteins

Wenige Autominuten östlich von Düsseldorf an der Straße nach Mettmann liegt das Tal, das nach Joachim Neander benannt ist. Obwohl heute viele Besucher das dortige, 1935 angelegte Wildgehege und das 1996 eingeweihte Museum aufsuchen – das alte, bescheidene Museum von 1937 mit dem »Charme einer Trafostation im Hochgebirge[175]« hat ausgedient –, steht der Reiz des Tales in keinem Verhältnis zu dem großartigen, wild-romantischen Zauber, der von der Felsenklamm des Neandertales vor ihrer wirtschaftlich bedingten Zerstörung in der zweiten Hälfte des 19. Jahrhunderts ausging. Zwar ist die Düssel heute noch zu sehen. Damals aber war sie von bis zu 35 Meter hohen, engstehenden Felsen umgeben, die eine tiefe Schlucht bildeten und in deren Gestein Höhlen, Grotten und Wasserfälle entstanden waren. An der Düssel führte eine schmale Fahrstraße entlang, die bei Hochwasser unpassierbar war. Dieses klüftige Felsenidyll nannte man »das Gesteins«.

Es besteht kein Zweifel, daß Joachim Neander oft hier gewesen ist, ja daß er es auch besonders geliebt hat. Zu zahlreich sind die Hinweise darauf. Eins seiner schönsten Naturlieder hat er mit dem Zusatz versehen (s. u.): »Ist auch ein Reiselied im Sommer oder Herbst den nach Frankfurt am Main den Rheinstrom Auf- und Abfahrenden, woselbst zwischen Cöln und Mainz Berg, Klippen, Bäche und Felsen mit sonderbarer Verwunderung zu sehen, auch im bergischen Land in dem Gesteins nicht weit von Düsseldorf.«[176]

> Weißheit hat gemacht
> Diese Wunderdinge;
> Dann der Erden Pracht
> Ist gantz voller Güht/
> Auff/ auff! mein Gemüht
> Halleluja singe.
> (Ist auch ein Reise-Lied im Sommer oder Herbst/ denen nach Franckfurt am Mayn den Reinstrohm auff und abfahrenden / woselbst zwischen Cöllen und Maintz / Berge / Klippen/ Bäche und Felsen/ mit sonderbahrer Verwunderung zu sehen / auch im Bergischen Lande in dem Gesteins nicht weit von Düsseldorff.)

Darin heißt es:

> Gott, die Luft erschallt
> von so vielen Kehlen,
> Echo widerhallt;
> ich auch singe dir,
> höre mein Begier,
> laß mich ja nicht fehlen!
>
> Herr, wie rauscht dahin
> Wasser in den Gründen!
> Es erfrischt den Sinn,
> wenn ich es anhör.
> Heilbrunn, ich begehr,
> laß mich dich auch finden.
>
> Gott, wie rühmen dich
> Berge, Fels und Klippen!
> Sie ermuntern mich.
> Drum an diesem Ort,
> o mein Fels und Hort,
> jauchzen meine Lippen.

Die Vermutung liegt nahe, daß der Dichter manche seiner Gesänge, vor allem die Naturlieder, hier unmittelbar niedergeschrieben hat.[177] Auch das sogenannte »Echolied« scheint dort entstanden, wenigstens aber angeregt worden zu sein, zumal nach allen Beschreibungen im »Gesteins« ein mehrfaches Echo erschallte. Es ist das einzige Lied, zu dem Neander keine Melodieangabe gemacht, hingegen die Notiz geschrieben hat: »nur zu lesen.«[178] In die Felsen laut gesprochen sollte das Echo als Stimme Jesu, gleichsam von außen und mit den Ohren wahrnehmbar, dem Fragenden und Klagenden trostreich antworten (Auszüge):

> Seele: Wo bist du, Seelenfreund, willst du denn mich verlassen?
>   Jesu Echo: Ich verlassen?
> Es tritt die Not, o Herr, auf allen Seiten ein.
>   Nein.
> Wo find ich Hilf und Rat für diese meine Wunden?
>   Meine Wunden!
> Ich lieg im Streit und Kampf! Mein Feind ist Ungeduld.
>   Geduld!
> Glanz der Gerechtigkeit, mir gnädiglich erscheine!
>   Ich erscheine!

Wasserfall im Gesteins. Gemälde von Caspar Johann Nepomuk Scheuren 1842

Die Neanderhöhle (Leuchtenburg), 1890 zu Bausteinen verarbeitet. Der Lichteinfall von einem Zweiteingang in der Felsendecke machte die Höhle durchgehend hell.

Auch die Wiederholung der beiden letzten Takte der Neander-Fassung von »Lobe den Herren« mit den Worten »Musicam hören« deutet auf beabsichtigten Echoeffekt. Eine normale Wiederholung, am Ende einer Strophe nicht selten, hätte nämlich einen Takt früher mit den Worten »Lasset die [...]« einsetzen müssen, um den Sinn des Satzes nicht zu stören. So tat es 1691 Strattner in einer Bearbeitung (s. S. 61). Für ein Echo wäre die ganze Zeile »Lasset die Musicam hören« zu lang. Schließlich spricht für Neanders Anwesenheit im »Gesteins«, daß er auf dem Titel seiner Bundeslieder den Bibelspruch aus dem Hohenlied Salomos anzog (2,14): »Meine Taube in den Felsklüften im Versteck der Felswand, zeige mir deine Gestalt, laß mich hören deine Stimme!«

Der Dichter fand hier die für sein Schaffen unentbehrliche Ruhe und Einsamkeit. Jedoch ist kaum anzunehmen, daß er sich immer nur allein im »Gesteins« aufhielt. Vieles spricht dafür, daß dort auch einige seiner Versammlungen stattfanden. Im Titel der Erstausgabe seiner Lieder schreibt er: »zu lesen und zu singen [...] bei Christen-Ergötzungen im Grünen [...].« Wo anders sollten die aus Neanders Blickwinkel in seiner Düsseldorfer Zeit stattgefunden haben als in erster Linie in seinem Refugium an der Düssel? Zumal man hier, versteckt und weitab von Düsseldorf und Mettmann, kritischen Blicken entzogen war? Überhaupt scheint Neander zum Bergischen Land hin Gesinnungsgenossen gehabt zu haben, mit denen er sich auf halber Strecke wohl getroffen haben mag. Dafür spricht eine zeitgenössische lateinische Eloge auf Neander, die sein Rektorkollege H. Kruse in Elberfeld verfaßte und die sich in seiner Epigrammen-Sammlung fand.[179]

Künstlerfest in der Neanderhöhle. Lithographie von Sonderland 1826

Ad plurimum Reverendum, Doctissimumque Virum, Joachimum Neandrum, SS. Minist. Cand. et Schol. Reformat., quae est Dusseldorpii, Rectorem meritissimum.

Saeviat adversum miles furibundus in hostem,
    Suppositamque sibi caede cruentet humum,
Flebilis est laurus, quamvis praeclara putatur,
    Quae pretio humani sanguinis empta venit.
Te meliora trahunt, nimirum inscitia mentis
    Saepe tua, o vires! labitur icta manu,
Templa scholaeque sciunt. Nequicquam pristina saecla
    Oblata, ex isto pulvere, serta crepant.
Hoc aliis liceat. Qui rectius illa merentur,
    Substituere *novos* tempora nostra *viros*.

Die Distichen haben etwa folgenden Sinn:

An den hochzuverehrenden, sehr gelehrten Mann Joachim Neander, des heiligen Predigtamtes Kandidaten und der reformierten Schule zu Düsseldorf hochverdienten Rektor.

Ungestüm mag der Soldat seine Feinde bekämpfen im Streite
    und durch entsetzlichen Mord tränken den Boden mit Blut:
Trauriger Ruhm, wenn die Menschen auch oft ihn bejubeln,
    ist er doch einzig erkauft um einen blutigen Preis!

Dich lockt die bessere Würde: Wenn Nebel im menschlichen Geiste,
wuchtig getroffen von dir, fliehen zerteilet dahin.
Kirche und Schule erfahren es jetzt. Doch die Alten,
die in entsprechenden Tun Lorbeerkränze erlangt,
die mag ein anderer loben. – Wahrhaftig verdienen sie aber
neue Männer, die nun unsere Zeit uns gewährt.

Die kursiven Worte sind eine Anspielung auf Neanders Namen (Neander = Neumann). Ob der Elberfelder Rektor Kruse Teilnehmer von Konventikeln gewesen ist, sei dahingestellt. Aber über das fachliche Lob und die Sympathiebezeugung hinaus offenbart das Gedicht, daß zwischen den Städten Kontakte existierten. Das trifft gewiß auch auf das Konventikelwesen zu. Jedenfalls war das »Gesteins« – genau auf halbem Wege zwischen Düsseldorf und Elberfeld – wie geschaffen für »Versammlungen der Gottseligkeit« aus der ganzen Region.

Indes sprechen noch weitere Tatsachen für Konventikel im »Gesteins«. Wie unten zu zeigen sein wird, hat man nicht von heut auf morgen das ganze Felsensemble pauschal »das Neandertal« genannt. Vielmehr bezeichnete man zuerst punktuell nur zwei bestimmte Stellen in den Felsen als Aufenthaltsorte des Dichters. Den einen nannte man »Neanders Stuhl«, den andern »Neanders Höhle«. Es liegt auf der Hand, daß diese um 1800 auftauchenden exakten Bezeichnungen nur durch eine geheimgehaltene mündliche Überlieferung möglich war, die auf sehr präzise Angaben zurückgreifen konnte und die zu machen nur Augenzeugen in der Lage sein konnten, eben Eingeweihte, die die Stätten der Versammlungen kannten. Die Verläßlichkeit dieser Überlieferung wird unterstrichen durch die in Verfolgungszeiten bewährte Arkandisziplin der Reformierten und besonders der sogar in ihrer eigenen Kirche scharf beobachteten Besucher der Konventikel. Noch lange nach Neanders Tod standen sie am Rande der Legalität. So verbot die Düsseldorfer katholische Regierung am 26. Juni 1740 (!) nach längeren Verhören alle Konventikel, worauf zwar seitens der Reformierten die brandenburgisch-preußische Schutzmacht um Hilfe angerufen wurde, diese aber unter dem aufklärerischen Friedrich dem Großen (König 1740-1786) ihrer Bitte keineswegs entsprach, sondern im Gegenteil 1742 auch für ihren eigenen Länder Kleve und Mark ein Konventikelverbot erließ. So standen die »Zusammenkünfte der Gottseligkeit« noch im 18. Jahrhundert von beiden Seiten unter Druck, wodurch die Geheimhaltung ihrer Überlieferungen gegenüber Außenstehenden und damit die Zuverlässigkeit ihrer Traditionen nur gefördert wurde. Erst um die Jahrhundertwende konnte man sich offen zu der Tradition bekennen, daß hier »Neanders Stuhl« und dort »Neanders Höhle« lagen.

Der Ausdruck »Stuhl« – eine geläufige Bezeichnung für »Kanzel« war »Predigtstuhl« – scheint darauf hinzudeuten, daß Neander an dieser Stelle den Platz des Versammlungsleiters und Predigers einnahm, wenn seine kleine Gemeinde zusammenkam. Außer diesem Stuhl war wohl die Höhle der Ort, den Neander allen anderen im »Gesteins« vorzog. Wenn er dichtete

Der kleine Wasserfall

In der Höhle
meine Seele
suchet dich, o Bräutigam,[180]

so ist hier wohl weder die vom Lanzenstich bei der Kreuzabnahme herrührende Seitenhöhle Jesu gemeint, die von pietistischer Frömmigkeit im Zeitalter Neanders nicht selten besungen wurde, noch die von Paul Gerhardt genannte »Höhle, da dich der Kummer plagt« (EG 361,6), noch auch Johann Francks »Sündenhöhle« (EG 218,1), sondern die konkrete Höhle in den Kalkfelsen, die in späteren Jahren als erste Stelle im »Gesteins« den Namen Neanders trug und zu seinen Zeiten »Leuchtenburg« hieß. Sie war 28,7 Meter lang, 8 Meter breit und 5 Meter hoch und nach einem Zeitungsbericht[181]

... die schönste und größte der Höhlen in den in der Urzeit steilgestellten Felsen. Ihr Inneres war mit dem Filigran des Tropfsteins ausgekleidet, und das Gewirr der langen und wuchtigen Zapfen der Stalaktiten strebte vom Gewölbe nieder. Auf der Nordseite gelegen, konnte das Tageslicht durch den gegen Süden geöffneten Höhlenmund mit seinem Efeubart voll einfallen und bestrahlte die märchenhaften Gebilde an Wänden und Decken. Beim Vorwärtsschreiten innerhalb des Schlundes verdunkelte sich keineswegs die steinerne Umwelt; vielmehr strahlte Helle auch von der Rückseite des vermeintlichen Höhlenschlusses. Nach einer leichten Rechtswendung des Pfades löste sich das Rätsel der rückwärtigen Beleuchtung: Die im Laufe von vielen Millionen Jahren ausgewaschene Kluft hatte einen zweiten Eingang durch die Deckfelsen, so daß die weißen und rosafarbenen Kalkspatbänder und die Kalksinterkristalle glitzerten und gleißten. Diese Besonderheit führte zu der treffenden ersten Bezeichnung »Leuchtenburg«.

Der neue Name

Die Frage, wann der Neanderhöhle ihr neuer Name gegeben wurde, der später auf das Tal überging, ist nicht nur heimatgeschichtlich von Belang. Ihre Beantwortung läßt vielmehr Rückschlüsse darauf zu, in welcher Zeit Neanders Lieder einen solchen Bekanntheitsgrad erreicht hatten, daß – Geheimhaltung hin oder her – eine offene Bezeichnung »seiner« Höhle angezeigt schien und sich durchsetzte. Offizielle Umbenennungsurkunden existieren nicht, aber mehrere Quellen weisen auf die Wende vom 18. zum 19. Jahrhundert hin. Im Jahre 1791 ist Friedrich Leopold Graf zu Stolberg (1750-1819), Schriftsteller und mit Johann Wolfgang von Goethe (1749-1832) gut bekannt, bei seinem Freund Friedrich Heinrich Jacobi (1743-1819) in Pempelfort zu Besuch. Jacobi, Schöngeist und Philosoph, von 1807 bis 1812 Präsident der Akademie der Wissenschaften in München, war auf seinem Landsitz Pempelfort, heute ein Stadtteil von Düsseldorf,

Johann Caspar Scheuren (1810-1887): Im Gesteins

zu Hause. Hier besuchten ihn die bedeutendsten Dichter und Denker seiner Zeit, neben Goethe auch Johann Gottfried Herder (1744-1803), Christoph Martin Wieland (1733-1813), Matthias Claudius (1740-1815) und Johann Georg Hamann (1730-1788). Stolberg bleibt etwa zwei Wochen. Kurz vor seiner Weiterreise macht er mit seiner Frau, dem achtjährigen Sohn und Nicolovius (1767-1839) – Staatsrat in Berlin und Ehegatte der

Nichte Goethes – einen Ausflug, bei dem sie auch das »Gesteins« besuchen und eingehend besichtigen. In einem Brief berichtet er von dieser Exkursion, die zuerst nach Elberfeld ging.[182]

> Pempelfort, den 29sten July 1791. [...] Am folgenden Tag sahen wir, in einem engen Thale, ein Schauspiel größerer Natur. Auf dem Rückwege von Elberfelde stiegen wir aus in Metmann, einem Flecken, welcher vier Stunden von hier liegt. Durch Kornfelder, auf welchen geerntet ward, gingen wir in ein Buchenholz, und sahen plötzlich eine ungeheure, wilde Felsenmasse uns entgegenstarren. Durch eine weite Oeffnung gingen wir dann in eine sich krümmende Felsenhalle, deren zweite Oeffnung, ehe wir sie sahen, durch hineinleuchtende Hellung verrathen ward. Auf einmal sahen wir einen tiefen Abgrund vor uns, und gegen uns über hohe Felsen, welche, gleich dem, in dessen Höhle wir standen, mit Wald gekrönt, und an einer Seite mit Gebüsch und Epheu bekleidet waren. Unten rauschet die Düssel. Die Höhle heißet Leuchtenburg. Wir gingen zurück, und ein schmaler Fußpfad brachte uns auf eine überhangende Klippe, wo, um besser in den Abgrund hinabzusehen, einer nach dem andern sich legte, und von den andern gehalten ward. Diese Klippe, welche der Rabenstein heißet, scheinet mir nicht minder schön als die Roßtreppe im Harz. Von da wurden wir in eine kleine Grotte geführt, welche die Engelskammer heißt, und jenseits klaffte uns der schwarze Schlund einer Kluft entgegen. Das Volk nennet sie die Teufelskammer.

In diesem Bericht kommen alle wichtigen Bezeichnungen des »Gesteins« vor. Sie sind sogar bewußt aufgezählt: Leuchtenburg, Rabenstein, Engelskammer, Teufelskammer. Von Neander ist keine Rede. Diese Tatsache wiegt umso schwerer, als Stolbergs Pempelforter Gastgeber ortskundig waren und den Wanderern gewiß Neanders Namen genannt hätten – wenn er 1791 schon allgemein gebraucht worden wäre.

Aber schon 12 Jahre danach taucht der neue Name auf. Der Kirchenhistoriker Carl Krafft erwähnt die Angabe des Pfarrers Benzenberg in Schöller aus dem Jahre 1803: »So wissen wir aus der Erzählung von der Neanderhöhle in unserm Lande nach mehr als hundert Jahren, daß dieser fromme Theolog sich dorthin begab, wenn er zum Besuch seiner Freunde in jene Gegend kam.«[183]

Wenige Jahre danach wird er in einer kleinen Anmerkung zu einer kirchengeschichtlichen Kurzdarstellung der reformierten Gemeinde Düsseldorf genannt. Der Prediger Carl Ludwig Pithan schreibt 1809:

> Die in unseren Gesangbuche vorkommenden Lieder von Joachim Neander und die nach ihm benannte Neanders=Höhle, in welcher er mehrere dieser Lieder verfertigte, werden das Andenken dieses redlichen Christenlehrers noch lange unter uns im Segen erhalten.[184]

Neanderstuhl (im Vordergrund) und Feldhofer Kirche

Neun Jahre später bringt der Kirchengeschichtler Johann Arnold von Recklinghausen eine weitere Mitteilung zu Papier. In seiner 1818 erschienenen »Reformationsgeschichte« wird im Zusammenhang mit dem Düsseldorfer Lateinschulrektor »die nach ihm benannte Neandershöhle« erwähnt.[185]

Fünf Jahre danach verfaßt ein 14jähriger Schüler in einem Brief eine anmutige Beschreibung des Gesteins. In Kaiserswerth wird am 27. Januar 1822 in die dortige Gemeinde ein blutjunger Pfarrer eingeführt, von dem man später noch mehr hören sollte: Theodor Fliedner, der 1836 die Diakonissenanstalt gründet und bis zu seinem Tod 1864 ihr erster Leiter ist. Nur mit einer Sondergenehmigung hatte der künftige Diakonissen-Vater im Alter von gerade 22 Jahren (geb. 21.1.1800) die Pfarrstelle antreten können. Er war eins von elf Kindern, die die Mutter nach dem frühen Tode des Vaters kaum mehr ernähren konnte. Vier Monate nach seiner Einführung in Kaiserswerth, im Mai 1822, machte er sich auf nach Eppstein (Taunus), um das der Mutter gegebene Versprechen einzulösen und einige Geschwister zu sich zu nehmen. Mit der 18jährigen Käthe, die ihm den Haushalt führen sollte, dem 13jährigen Georg (geb. 19.4.1809) und dem 12jährigen Karl mietete er sich in Mainz einen Nachen und gelangte nach dreitägiger Fahrt zurück nach Kaiserswerth. Ein Jahr darauf berichtete der inzwischen 14 Jahre alte Gymnasiast Georg Fliedner der in Eppstein verbliebenen Mutter von einer Wanderung zur »Neanderhöhle«. Die Anschaulichkeit des Briefes sowie die Klarheit und Schönheit seines Stils offenbaren die Begabung des jugendlichen Schreibers, der später, wie sein älterer Bruder und der verstorbene Vater, Theologie studierte, 1833 »pro licentia concionandi« (Erlaubnis zu predigen) seine erste theologische Prüfung absolvierte, 1835 in sein Vaterland Nassau heimkehrte[186] und dort als junger, hoffnungsvoller Pfarrer starb.[187]

Kaiserswerth, den 7. August 1823. [...] Wir waren vor acht Tagen in der Neanderhöhle. Wir gingen mit Schwester Käthchen und Bruder Karl abends um sechs Uhr nach Ratingen zu Pastor Petersen,[188] hier schliefen wir und gingen des anderen Tages sechs Uhr morgens in die Neanderhöhle, die 2,30 Stunden entfernt ist. Zuerst kamen wir an einen der vielen hohen und schroffen Felsen, den Rabenstein genannt, wo wir gegenüber den Felsen Hohenkirch erblickten. Von hier gingen wir auf den Löwenkopf, einen großen, hervorspringenden Stein. Auf ihm hat man rechts die Aussicht auf ein enges, mit schönstem Grün belegtes Gebirgstal, links ungeheuer hohe und schaudervolle Felsen, welche unzählige Grotten und Klüfte bilden. Unter sich hat man einen reißenden Waldstrom, die Düssel. Zwei der vielen Grotten haben ihren Namen, die eine, welche sehr hoch ist, heißt die Engelskammer und die andere, dieser gegenüber, die sehr tief ist, die Teufelskammer. Jetzt gingen wir längs den Ufern der Düssel, um den Wasserfall zu besehen. Dieser ergießt sich in die Düssel und floß damals sehr schwach. Jetzt auf einmal wurden wir aus neugierigen Wanderern arbeitende Tagelöhner. Das wenige Wasser, welches vom Felsen herunter floß, erregte bei Herrn Pastor Petersen den Gedanken, sich um den Wasserfall verdient zu machen. Daher machte er sich als Wasserbauinspektor mit uns sogleich an die Arbeit. Große Steine, welche den Lauf des Wassers hemmten, wurden weggeräumt, Löcher, wodurch das Wasser sich von der Hauptquelle verlor, zugestopft, das Bett der Quelle erweitert usw., so daß wir wirklich die Quelle ihrem vorigen Reichtum an Wasser nahebrachten. Wir (die Nassauer vornehmlich) verließen diese an den mannigfaltigsten Abwechslungen so reiche Gegend nicht ohne die angenehmsten Rückerinnerungen an die Eppsteiner-Gebirge, Täler und Bäche. Doch beinahe hätte ich das, wovon das Ganze seinen Namen hat, vergessen, nämlich die eigentliche Neanderhöhle. Diese ist nichts als ein Durchgang durch ein hohes Gewölbe, gebildet von ungeheuren Felsenwänden. Nachdem wir alles genau besehen hatten, gingen wir nach Mettmann und übernachteten bei Pastor Wittich[189] [...].

Neanderhöhle und Leuchtenburg von Norden gesehen

Ausführlich äußert sich zwei Jahrzehnte nach Georg Fliedner eine engagierte junge Frauenrechtlerin (geb. 1817), die 1848 die linksdemokratische »Neue Kölnische Zeitung« und die erste deutsche »Frauenzeitung« gründet.[190] »Mathilde Franziska, verehelicht gewesene von Tabouillot, geb. Giesler«[191] hat bis zu ihrer Scheidung gesellschaftlichen Umgang mit Annette von Droste-Hülshoff gepflegt,[192] wird später als »Communisten-Mutter« verspottet, ist mit ihrem zweiten Mann Fritz Anneke, den sie 1847 heiratet, in die Revolution von 1848 verwickelt und wandert im Jahr darauf mit ihm in die USA aus, wo sie 1852 in Milwaukee die »Deutsche Frauenzeitung« gründet, die erste Frauenzeitung auf amerikanischem Boden. Im Mai 1843, dem Jahr ihrer Scheidung, wandert sie durch das

Neandertal und berichtet in Briefform über die phantasievollen Benennungen und phantastischen Naturerscheinungen im Gesteins:[193]

> Von dort [Wuppertal-Vowinkel] aus machten wir den kleinen Weg zu Fuße nach dem, von Menschen wimmelnden Thale des Gesteins, oder nach dem, unter dem Namen »Neandershöhle«, bekannten Felsenlabyrinth. Es ist dieses vielleicht eines der interessantesten Plätze unsers Landes, in der Nähe von Mettmann, unweit Düsseldorf. [...]
> Zuerst nun auf die hervorragendste Spitze des einen Felsens, auf die äußerste Wölbung einer Höhle, wurden wir geführt, und Jeder setzte sich, einer nach dem andern, auf einen bemoosten Stein am schroffsten Rande, der einen ziemlich bequemen Thronsitz da in der luftigen, schwindelnden Höhe bildet. Bei der zuvorkommenden Freundlichkeit der Bewohner jenen schönen Landes gegen Fremde, durfte ich mich zunächst den Gardedamen auf diesen Ehrenplatz setzen, und alsbald hieß es zu meiner Belehrung: das ist der Neanderstuhl. Also auf des lieblichen Liederdichters Joachim Neanders Sitz saß ich hier, kühn und frei; keinen prächtigern Liederthron konnte der Poet sich erkiesen – ja, hätte er mir gehört, der Stuhl, nicht hätte ich ihn vertauscht mit einem Königsthrone, seinem Glanz und seinen Schätzen; – auch er hätte es nicht getan.
> Ueber Felsen und Geklüft ging es nun tiefer [...], und bald standen wir in Mitten des Berges an der Pforte, in die Dichterhalle einzutreten. Es war eine weite, hohe, von der Natur prächtig gewölbte Höhle, die nach Neander ihren Namen führt. [...] Die laute Lust, die beim Besteigen der Felsabhänge erklingen mußte, schwieg hier unwillkürlich. Auf einmal ertönte ein vollkräftiger Männergesang von der Höhe des Neanderstuhls so eigenthümlich in seine Höhle hinab, daß nicht viel gefehlt zu einem Naturgottesdienste hier in den ewigen Hallen.
> Die Singenden waren Fabrikarbeiter aus Elberfeld, die, sich zu einem Liederquartet vereinigt, allsonntäglich auf ihren ländlichen Ausflüchten ihr hübsches Liederfest feierten. Sie hatten eben den herrlichen Gesang von Neander angestimmt.
>
> > Gedenk' an mich, o mein Imanuel!
> > Ich stehe hier mit Angst und Furcht belegt,
> > Ich klag' es Dir, du Prüfer meiner Nieren,
> > Du bist ein Arzt, der kranke Seelen trägt;
> > Du bist ein Hirt, der selbst sein Schaf will führen.[194]
>
> Nicht gekünstelt, einfach und kräftig erschollen die Naturstimmen durch die Berge und das Thal, bis in diese Wölbung hinein mit mehrfachem Echo. Lange lauschten wir ihnen stille, ich vernahm deutlich:
>
> > Wo soll ich hin? – Ich will zum Lebensgott,
> > Kein Feind soll mich von meinem Fels abtreiben.

Caspar Johann Nepomuk Scheuren: Waldlandschaft mit Gebirgsbach 1845-1848

1834 erscheint der Name »Neandershöhle« in einem Artikel der »Evangelischen Kirchenzeitung«. Das sei »die schönste Grotte zwischen Düsseldorf und Elberfeld«, in der später auch Tersteegen Versammlungen abgehalten habe.[195]

Nimmt man Bongards Wanderführer von 1835 hinzu (S. 9), so ist zu schließen, daß Neanders Name für bestimmte Stellen des Gesteins um 1800 allgemein geläufig wurde. Indes wurde die alte Gesamtbezeichnung vorerst keineswegs verdrängt; zu Recht, denn morphologisch hatte sich am »Gesteins« nichts geändert, was eine Namensänderung notwendig gemacht hätte.

Diese konnte erst aufkommen, als in der Mitte des 19. Jahrhunderts die Kalkindustrie begann, die romantischen Felsen im Steinbruchbetrieb abzubauen und daraus Zement und Bausteine herzustellen. Schon im Jahre 1519 hatte es hier einen Kalkofen gegeben. Jedoch war es dem vermeintlichen Fortschritt der ersten industriellen Revolution vorbehalten, das Felsgestein nun rücksichtslos auszubeuten. Der aus Mettmann stammende Unternehmer Wilhelm Beckershoff und sein Kompagnon Diepgen beginnen, die Kalkfelsen zu brechen, zu sprengen und in einer Schleiferei zu verarbeiten. Dabei wird Zug um Zug die Düssel freigelegt und somit die enge Felsschlucht in ein breites Tal verwandelt. Jetzt, da das Gestein verschwindet, übernimmt man den bislang auf die besagten zwei Stellen bezogenen und inzwischen allgemein bekannten Namen und spricht fortan vom Neandertal. Offiziell und amtlich erscheint die neue Bezeichnung zum ersten Mal im Düsseldorfer Amtsblatt vom November 1851, als die Gründungsstatuten der Schleiferei veröffentlicht werden. Hier ist als Wohnort des Unternehmers Beckershoff das »Neanderthal bei Mettmann« genannt.[196] Als Kuriosität sei genannt, daß nach dem Bau der nördlichen Bahnstrecke durch die rheinische Bahngesellschaft in den 80er Jahren des 19. Jahrhunderts und der Einrichtung des Haltepunktes »Neanderthal« eine Lokomotive mit dem Namen »Neander« von Düsseldorf nach Mettmann und zurück fährt und schon um diese Zeit ein Gasthaus »Neanderhof« dort seine Toren öffnet.[197] Gleichwohl haben der alte und der neue Name noch eine zeitlang nebeneinander gestanden, zumal auch der Abbau der Felsen von 1850 bis 1890 dauerte. Der Kirchenhistoriker Heinrich Forsthoff erinnerte sich 1922, daß »vor 40 bis 45 Jahren«, also um 1880 der Volksmund noch »das Gesteins« gesagt habe.[198] Neben diesen Bezeichnungen sind im Volksmund bis auf den heutigen Tag noch andere Namen in Erinnerung, so zum Beispiel »In der Klipp« oder »Hunsklipp«, was nach dem einen Erklärungsversuch auf die Hunde zurückgeführt wird, die in alten Tagen von in den Klippen lauernden Räubern auf friedliche Wanderer und Kaufleute losgelassen wurden, nach dem anderen in die Zeit der Hunnen verweist, vor denen man sich in den Felslöchern und Höhlen zu verstecken suchte, wie sich überhaupt manche unhistorische Legenden um Ort und die Person Neanders ranken.[199]

Der Nenderthaler

Die Zerstörung des Gesteins begann also um 1850. In ihrem Verlauf sollte Neanders Lieblingsort neben seiner historischen noch eine naturwissenschaftliche Bedeutung ersten Ranges erhalten. Die »Aktiengesellschaft für Marmorindustrie zu Neanderthal« tut ihre Arbeit. Die Sache muß, so entscheiden die Verantwortlichen, effektiv und rationell vonstatten gehen. Es ist zu aufwendig, erst nach den Sprengungen die einzelnen Brocken von Erde, Lehm und Pflanzen zu säubern, um sie dann dem Verarbeitungsvorgang zuzuführen. Das muß vorher geschehen. An einem Tage im August 1856 kommt die sogenannte »Kleine Feldhofer Grotte« dran. Es ist eine Höhle in einer steilen Kalksteinwand auf der linken Seite der Düssel, schräg gegenüber dem »Rabenstein«, dem einzigen heute noch erhaltenen Rest des Gesteins. Ihr Eingang in 15 Metern Höhe besteht aus einem etwa 50 cm hohen

Blick von Süden auf den Rest der Neanderhöhle um 1890

Schlupfloch. Der Innenraum ist mit zu Lehm verwitterten Kalkstückchen angefüllt, bis zu zwei Meter hoch.[200] Zwei Arbeiter erklettern die Grotte und räumen die Lehmschicht heraus. Sie hacken das harte Material auf und werfen es auf die Talsohle. Auch ein paar Knochen sind dabei. Unten kommen zufällig der Betriebsleiter und der Mitbesitzer des Steinbruches vorbei. Sie weisen die Arbeiter an, die Knochen zu sammeln und beiseite zu legen. Im Schutt finden sie noch ein Schädelfragment – das für die Paläanthropologie epochale. Aus dem nahen Elberfeld wird der Gymnasialprofessor und Naturforscher Dr. Johann Carl Fuhlrott herbeigerufen. Er identifiziert Knochen und Schädelkalotte als Skelettreste eines Menschen. Am

Johann Carl Fuhlrott (1803-1877)

Postkarte um 1880: Rabenstein (halblinks) mit Bild Joachim Neanders

Ende der letzten Eiszeit vor ca. 30.000 Jahren hat seine Gattung gelebt. Kurz nach dem Fund wird auch der Felsen mit der ausgeräumten »Kleinen Felshofer Grotte« gesprengt.

So geschieht es Zug um Zug mit den übrigen Felsen. Fast resignierend schreibt dreißig Jahre später die »Mettmanner Zeitung« (1887):[201]

> Noch steht unangetastet die Neanderhöhle, ebenso sprudelt noch immer die kleine Quelle herab. Es ist dies ein kleiner, aber der schönste Theil. Die dortige Aktiengesellschaft, welcher das Ganze gehört, hat bis heute entweder in heiliger Scheu, doch ein solches Naturwerk anzutasten oder aus liebenswürdiger Geneigtheit für ein naturliebendes Publikum diese Schönheit unangetastet stehen lassen. [...] In wenigen Jahren wird auch die bisher respektierte Formation der Sprengung zum Opfer fallen. Dann werden spätere Generationen es nicht begreifen, ja für unglaublich halten können, wie eine gewöhnliche Kalkindustrie solche berühmten Stätten zerstören konnte.

Drei Jahre nach dem Zeitungsartikel ist das Befürchtete eingetreten, ein unvergleichliches Naturdenkmal vernichtet, das man nach 1856 mindestens um des entdeckten Vorzeitmenschen willen hätte erhalten müssen. Dieser Mensch wird nun nach dem Fundort benannt; weil »Gesteins« entfällt, da es verschwindet, nach dem jetzt entstehenden Tal, in dem Neanders Name eingeführt ist. Schon vorher waren zwei, allerdings unerkannte Funde des gleichen Menschentyps in andern Gegenden des alten Kontinents gemacht worden, und später entdeckte man an vielen Stellen von Belgien bis Südfrankreich, Osteuropa und dem vorderen Orient weitere »Neanderthaler«. Inzwischen – nachdem 1997 auch die originäre Fundstelle von 1856 durch Grabungen wiederentdeckt und zwei Jahre später ein dort geborgener Knochensplitter an das Skelett angepaßt werden konnte –

Der Neanderthaler
Tonmodell von Elke Tendrich-Veit für einen Bronzeguß am Neanderthal-Tor in Mettmann

sind Skelettreste von rund 300 Neanderthalern bekannt.[202] Sie lebten zu ihrer Zeit in der Busch- und Strauchtundra Westeuropas bis Mittelasiens unter Bedingungen, wie sie heute im nördlichen Lappland herrschen.

Seitdem der Australopithecus in den Savannen Afrikas aufrecht zu gehen lernte, zum homo erectus, dem »aufrecht gehenden Menschen«, wurde (vor ca. 2 Mio. Jahren), dessen Gehirn sich enorm vergrößerte, und, ausgestattet mit Steinwerkzeugen und Feuer, in die Kälte nach Europa und Asien auswanderte (vor ca. 1 Mio. Jahren), lief die Evolution – die Grundthese lieferte

Charles Darwin (1809-1882) – zuerst auf den Neanderthaler zu (sein erstes Erscheinen vor ca. 500.000 Jahren). Das Auftreten des »Späten/Klassischen Neanderthalers« in Europa wird auf ca. 80.000 Jahren vor heute angesetzt. Dieser »am besten erforschte Urmensch«[203] war kein thumbes, tierisches Wesen, wie man vor Jahrzehnten annahm, kein keulenschwingender Wilder, sondern ein entwickelter Mensch. Sein Gehirnvolumen glich dem von uns Heutigen. »Der erste Europäer« wird er genannt. Er ist Fischfänger und Sammler, vor allem aber der Jäger, der die steinerne Lanzenspitze erfunden hat,[204] und die Levallois-Klingen herstellte. Seine Skelette weisen einen bedeutsamen Befund auf: Groß ist die Zahl solcher geheilter Verletzungen, die jegliche Bewegung unmöglich machten, Verletzungen also, die darauf schließen lassen, daß sich Gesunde um ihre schwerverletzten Artgenossen kümmerten und so für die Gesellschaft nutz- und wertlos gewordene Geschöpfe gepflegt und versorgt wurden. Zudem steht fest, daß es bei den Neanderthalern die ersten bewußten, ordentlichen Begräbnisse gegeben hat. Sie hatten ein tiefsitzendes Gefühl, einen Respekt voreinander.[205]

Launiges aus dem Vortrag zur Eröffnung des Neanderthal-Museums am 10. Oktober 1996:

»Nicht einmal die Grünen stammen von den Pflanzen ab.«
»Die natürliche Selektion wirkte nirgends präziser als bei einem Äffchen, das von einem Baumwipfel zum andern hüpfte und danebengriff.«
»Vielleicht ist der Neanderthaler gar nicht ausgestorben. Vielleicht hat er sich verheiratet mit dem homo sapiens sapiens, und das war sein Ende.«
Prof. Dr. Hubert Markl, Präsident der Max-Planck-Gesellschaft

---

Der »homo neanderthalensis« – der Ire King prägte 1863/64 diesen Namen –, wie frühere Schulgenerationen gelernt haben, wird deshalb seit 1964 mit dem Wort »sapiens« (weise, klug) geschmückt: homo sapiens neanderthalensis. Und wir, der frühere »homo sapiens"? Wir haben noch draufgesattelt und heißen nun – verdient oder nicht – »homo sapiens sapiens«. Dieser anatomisch moderne Menschentyp tritt gegen Ende der letzten Eiszeit (vor ca. 40.000 Jahren), von Afrika kommend, in allen Kontinenten und Lebensräumen auf und lebt mit dem Neanderthaler über Jahrtausende zusammen, bis dieser vor ca. 30.000 bis 25.000 Jahren verschwindet. Haben sie sich vermischt? Ist der ältere ausgestorben? Ist der homo sapiens neanderthalensis unser Vetter oder Vorfahr?

Auf Wichtigeres führen die Fragen, die das neue Museum stellt. Die erste: Woher kommen wir? Darauf gibt die Ausstellung aus naturwissenschaftlicher Sicht ihre Antwort. Das aber, so Gert Kaiser, 1996 Düsseldorfer Universitätsrektor und Vorsitzender der Stiftung Neanderthal-Museum, ist nur die Antwort auf »eine Vorfrage für das große Menschheitsrätsel, für die Frage nämlich: Wer sind wir?, eine Frage, auf die uns bisher nur die Heilige Schrift eine Antwort geben konnte«.[206] Die dritte Frage »Wohin gehen

Das Neandertal heute

wir?« im begonnenen 21. Jahrhundert zu beantworten, fällt allein deshalb schwer, weil der Mensch, in der Sprache der Verhaltensforschung ausgedrückt, ein biologisches Erbe, die Aggressivität, bislang nicht kontrollieren kann. Theologisch gesprochen ist das in dem Begriff »Sünde« enthalten. Das Wort von Max Planck spielt da hinein: »Für die Religion steht Gott am Anfang, für die Naturwissenschaft steht er am Ende.«

Ihn zu loben war Joachim Neanders Lebensinhalt. Den Kreis von der menschlichen Entwicklungsgeschichte, theologisch gesprochen: von der »creatio continua« (fortwährende Schöpfung) zu ihm zu schließen, fällt nicht schwer. Wie kaum ein anderer Kirchenliederdichter liebte er sie und erfreute sich an ihr. So wie Charles Darwin in einer Kirche begraben ist (Westminster Abbey in London), so ist es kein Widerspruch, wenn man die Gedanken an das vieltausendjährige Werden des Menschen vereint mit dem Namensgeber des Neandertales, der die Zeilen dichtete:

> Lobe den Herren, der künstlich und fein dich bereitet,
> der dir Gesundheit verliehen, dich freundlich geleitet.
> In wieviel Not hat nicht der gnädige Gott
> über dir Flügel gebreitet.

»Lobe den Herren« in der Musikgeschichte

Ein Brief von Oskar Gottlieb Blarr

Liebe Freunde von Joachim Neander, verehrte Musikfreunde,

im Neandertal bei Düsseldorf gibt es nicht nur Interessantes über die Frühgeschichte der Menschheit und über die Frömmigkeit unserer Vorfahren aus dem 17. Jahrhundert zu lernen, sondern hier beginnt auch ein bemerkenswerter Strom durch die Musikgeschichte. Er reicht von den Tagen Neanders bis in unsere Zeit.

Nachdem Neanders Lieder 1680 im Druck erschienen waren, tauchen sie bald darauf auch in offiziellen Gesangbüchern auf. Damit beginnen Komponisten, Kantoren und Kapellmeister, sich für diese Melodien zu interessieren.

I.

Die Geschichte der Kompositionen über »Lobe den Herren« beginnt im wahrsten Sinne des Wortes mit Pauken und Trompeten. Johann Sebastian Bach schrieb im August 1725 in Leipzig eine festliche Kantate in fünf Teilen, der alle fünf Strofen des Neanderliedes zugrunde liegen. Bach bringt nicht nur die Melodie im Wortlaut, sondern läßt auch in Nebenstimmen die ersten fünf Silben der Titelzeile aufklingen. Gleich zu Beginn spielen alle Violinen diese Figur:

und selbst scheinbar nebensächliche Begleitfiguren »singen« den Text, so die Trompeten:

In der zweiten Strofe malt die Solovioline – zum vom Altus gesungenen Choral – ganz bildhaft das auf und ab der Flügelschläge des Adlers:

Und wie genau singt der Meister im Duett des 3. Versus von der vielen Not:

Im vierten Vers, der vom »Sichtbaren Segen« singt, spielt die Solotrompete ganz sichtbar in hoher Lage abschnittsweise den Choral.

Im letzten Vers läßt Bach über dem vierstimmigen Choralsatz noch drei selbständige Trompetenstimmen aufleuchten, um zu unterstreichen »Er ist dein Licht«. Diese Kantate (BWV 137) ist fürwahr eine königliche und herrliche Komposition, der wohl nur Max Regers Orgelwerk »Dankpsalm« Op. 145 an die Seite zu stellen ist.

Mit Bach beginnt auch der Reigen der Orgelkompositionen über das Neanderlied. Aus der Kantate 137 überträgt er den Vers 2 für Orgel allein unter der Überschrift »Kommst du nun, Jesu, vom Himmel herunter« – ein Stück, das auch heute noch jeden Orgelmeister auf eine harte Probe stellt.

Aus Bachs Zeit gibt es ein Choralvorspiel von seinem Vetter und Schüler Johann Gottfried Walther (1684-1748), der Hoforganist in Weimar war.

II.

Aus der Romantik ist eine schier unübersehbare Menge von Orgelbearbeitungen des Chorals überliefert, darunter auch Namen, die keiner mehr kennt, wie Otto Brieger in seinem Opus 1 und Ferdinand Sasse in den Chorälen Op. 110. Großer Beliebtheit erfreuten sich die »Vier Fest-Nachspiele« Op. 32 von Emil Weidemann, darunter die Nummer 2 »Lobe den Herren«. Durch Subverleger war diese Sammlung in Polen, in den USA und im British Empire verbreitet. Ein Riesenerfolg. Carl Friedrich Engelhardt (1817-1868), der Domorganist von Havelburg war, gehört auch zu den Komponisten des Neanderliedes. Max Reger hat neben dem erwähnten »Dankpsalm« noch zwei weitere Bearbeitungen vorgelegt, eine schwere in Op. 67 Heft II und eine »leichte« in Op. 135 a.

Zu den namhaften Komponisten nach Reger gehört Karl Hoyer und der Reger-Schüler Armin Knab. Auch Komponisten jenseits der deutschen Grenzen hatten sich des Neanderliedes angenommen. Der Däne Niel W. Gade (1822-1890) schrieb 1873 ein »Festeligt praeludium over choralen Loven den Herre«, wobei er die Orgel mit Posaune bzw. Tenorhorn und Trompete anreichert.

III.

In unserm Jahrhundert setzt sich die Kette der Kompositionen über »Lobe den Herren« eindrucksvoll fort. Max Drischner (1891-1971), der Organist der legendären Orgel aus Brieg in Schlesien, widmete seinem Freunde Albert Schweitzer 1918 seine Orgelchoräle mit »Lobe den Herren« als Eröffnungsstück. 1932 veröffentlichte Johann Nepomuk David in seinem Choralwerk II eine prächtige Toccata zu unserm Lied, und der Berliner Joseph Ahrens legte 1949 eine Partita in 13 Teilen über das Neanderlied vor. Zu den »internationalen« Komponisten von »Lobe den Herren« zählen der Schweizer Paul Müller-Zürich und der Belgier Flor Peeters. Von dem blinden Organisten Helmut Walcha, den alle Welt als Bach-Interpreten kennt, gibt es in den 45 Choralvorspielen von 1963 eine schwungvolle Bearbeitung, und Heinz Lohmann, der von 1961 bis 1971 in Düsseldorf tätig war, komponierte eine vierteilige Suite, die in seiner Sammlung »36 leichte Choralvorspiele« 1988 im Druck erschien. Das jüngste Beispiel, eine kleine Toccata, schrieb Ulrich Baudach aus Hamburg für eine unfangreiche Sammlung, die aus Anlaß der Einführung des neuen Evangelischen Gesangbuches entstand. Diese Sammlung – vier Bände und 1993 vollendet – trägt den Titel »In Ewigkeit dich loben«.

Natürlich haben auch andere Schaffenszweige der Kirchenmusik das »Lobe den Herren« bedacht. Stellvertretend seien genannt für die Posaunenchöre zwei Bearbeitungen von Hans Weber, geschrieben 1970 für das rheinische Musikfest in Wesel und die kleine Choralmotette von Hugo Distler (1908-1942); obwohl das handliche Stück nicht ganz leicht zu singen ist, war es von Anfang an so etwas wie eine Kultnummer der Singbewegung und erfreut sich großer Verbreitung und ungebrochener Beliebtheit bis heute.

IV.

Solange Christenmenschen Gott loben, wird unser Neanderlied aus dem Tal bei Düsseldorf wohl nicht verstummen. Ich bin gespannt, welche schöpferischen Kräfte Neanders Loblied auch nach der magischen Grenze des Jahres zweitausend freisetzen wird. In meinem Bauch summt seit einiger Zeit ein fünfteiliges sinfonisches Stück, dem Neanders tänzerische Original-Melodie zugrunde liegt und das auch dem von Bruder Joachim so geliebten Echo gebührenden Raum gibt.

Mit freundlichen Grüßen
Ihr Oskar Gottlieb Blarr
Professor, ehem. Organist der Neanderkirche Düsseldorf

Bach-Kantate 137, Schlußchoral

Quellen und Anmerkungen

1 J. H. Bongard, Wanderung zur Neandershöhle, eine topographische Skizze der Gegend von Erkrath an der Düssel, Düsseldorf 1835, faksimilierte Neuauflage zur 100jährigen Wiederkehr der Auffindung des Neandertaler Skeletts, 1956, S. 62.
2 Johann Henrich Reitz, Historie Der Wiedergebohrnen, IV. Bd. 1716, S. 42.
3 Gottfried Mai, Die Niederdeutsche Reformbewegung. In: Ortwin Rudloff (Hg.), Hospitium Ecclesiae, Forschungen zur Bremischen Kirchengeschichte Bd. 12, Bremen 1979, S. 128.
4 Kohlmann, Reformierte Kirchenzeitung, Jg. 1856, S. 173.
5 Henricus Metting, Hertzinnigliche Trauerklage [...], gedruckt bei Herman Brauer, »der Schulen Buchdrucker 1666«. Forschungsstelle für Personalschriften in Marburg, Bd. Bremen, a.623,54.
6 ebenda, S. 4.
7 Mai (wie Anm. 3), S. 128.
8 Mai (wie Anm. 3), S. 129.
9 Reitz (wie Anm. 2), S. 5.
10 Reitz (wie Anm. 2), S. 42.
11 Rudolf Mohr, Joachim Neanders Frömmigkeit. In: Gunter A. Eberhard (Hg.), Geschichtliche Miniaturen, Neanderkirche Düsseldorf, Düsseldorf 1984, S. 70.
12 Exemplar Universitätsbibliothek Bremen, C. S. 59, Nr. 86.
13 Bremische Bezeichnung für Presbyter, Ältester.
14 Studiosus.
15 Bei Brauer veröffentlichte Neander elf Jahre später auch sein Gesangbuch.
16 Rudolf Mohr, Theodor Undereyck; in:TRE Bd. XXXIV, Berlin 2002, S. 268-272
17 Max Goebel, Geschichte des Christlichen Lebens in der rheinisch-westphälischen Kirche, II. Bd., Coblenz 1852, S. 313.
18 ebenda, S. 383.
19 Brenning, Joachim Neander, historische Skizze. In: Programm der Hauptschule zu Bremen, 1875, S. 14.
20 Zitiert nach Adelbert Natorp, Joachim Neander, ein Lebensbild, Barmen 1880, S. 19.
21 Reitz (wie Anm. 2), S. 42 f.
22 Reitz (wie Anm. 2), S. 43.
23 Reitz (wie Anm. 2, S. 43f.) erwähnt zusätzlich eine andere Bekehrungsgeschichte Neanders. Sie hat die Kaiser-Maximilian-Legende zum Vorbild, die alle Merkmale einer Wundergeschichte aufweist und offenbar auch von Reitz selbst nicht ganz ernst genommen wird.
24 Goebel (wie Anm. 17), S. 335.
25 Helmut Ackermann, Düsseldorf-Urdenbach, Geschichte der evangelischen Gemeinde und des Ortes, Düsseldorf 3. Aufl. 1993, S. 182, 185, 196 (4), 197 (6. und 14.): Sara Le Brun heiratete Jacob Meinertzhagen. In Köln gehörte die Familie Le Brun zur französisch-reformierten Gemeinde. Vgl. Landschaftsverband Rheinland (Hg.), Inventare nichtstaatlicher Archive, Bd. 17: Protokolle der Wallonischen Gemeinde in Köln von 1600-1776, bearb. von Rudolf Löhr, Köln 1975. Caspar le Brun erscheint unter Nr. 419 am 28.12.1634 (S. 145), Nr. 463 am 29.12.1641 (S. 156) und Nr. 483 am 29.7.1644 (S. 163), Corneille le Brun unter Nr. 121 am 15.1.1610 (S. 47) und Nr. 124 am 10.2.1610 (S. 49).
26 Cuno, Pfälzische Fremdengemeinden, Westheim 1886.
27 Reitz (wie Anm. 2), S. 44. Reitz führt an dieser Stelle an, Neander habe in Heidelberg »conversirt mit dem jüngsten Spanhemio, der gar ein gottseliger Mensch/ des Leidischen berühmten Professoris, Friderici Spanhemii, Bruder/ und damals der Studenten im Collegio Sapientiæ Præceptor, und von Genf gekommen war/ woselbst er den berühmten und von Eifer für Gott brennenden Labadie gehöret/ von welchem Labadie auch Spener und Undereyk/ und andere fromme Männer/ nicht wenigen Nutzen und Erbauung zu Genf geschöpffet hatten«.

Diese Sätze sind nicht zu halten. Der ältere Fridericus Spanheim, Professor in Leiden, war 1671 schon verstorben († 1649). Sein zweiter Sohn Fridericus Spanheim (geb. 1632) war 1670 Professor in Leiden. Dessen älterer Bruder Ezechiel – den meint Reitz hier offenbar, obwohl er ihn den jüngeren nennt –, geb. am 7. 12. 1629 in Genf, ging 1642 mit dem Vater nach Leiden, lernte dort »morgenländische Sprachen«, kehrte bald wieder zurück nach Genf und erhielt den Titel eines Professors Eloquentiae. Carl Ludwig von der Pfalz zog ihn nach Heidelberg an den Hof, machte ihn zum Hofmeister des Kurprinzen und schickte ihn vor 1665 mit diplomatischen Aufträgen nach Italien, Lothringen, Mainz, Frankreich, Holland und England. Daß er »Collegio Sapientiæ Præceptor« in Heidelberg gewesen wäre und als solcher mit Neander »conversiert« haben könnte, ist in den betr. Werken nicht bezeugt, die an diesem Punkt gänzlich übereinstimmen. Vgl. Christian Gottlieb Jöcher, Allgemeines Gelehrten-Lexikon Bd. 4, Hildesheim 1961, S. 712f. Walter Killy/ Rudolf Vierhaus (Hg.), Deutsche Biographische Enzyklopädie Bd. 9, München 1968, S. 384f. Theologisches Handwörterbuch illustriert Bd. 2, Calw & Stuttgart 1905, S. 726. Reitz selbst scheint hier unsicher zu sein, weshalb er seine Ausführung mit »Soviel man weiß ...« beginnt. Auch Iken (wie Anm. 29) nennt diese Nachricht »ebenso confus als unrichtig« (S. 94f.).

28 Reitz (wie Anm. 2), S. 44: »seiner Studien halben.«
29 Johann Friedrich Iken, Joachim Neander, sein Leben und seine Lieder. Bremen 1880, S. 88.
30 Mai (wie Anm. 3), S. 136.
31 Mai (wie Anm. 3), S. 136.
32 Reitz (wie Anm. 2), S. 47 ff.
33 Iken (wie Anm. 29), S. 96.
34 Reitz (wie Anm. 2), S. 44.
35 Reitz (wie Anm. 2), S. 49. Vgl. Iken (wie Anm. 29), S. 228.
36 Reitz (wie Anm. 2), S. 44.
37 Reitz (wie Anm. 2), S. 45.
38 Mai (wie Anm. 3), S. 136.
39 Vgl. zum Folgenden: Helmut Ackermann, Geschichte der evangelischen Gemeinde Düsseldorf, Düsseldorf 1996, S. 11-52.
40 Walter Schmidt, Aus den Anfängen der evangelischen Gemeinde Düsseldorf. In: Unsere Neanderkirche, Festschrift zur Wiedereinweihung 1960, S. 9. Vgl. Ackermann (Anm. 39), S. 40.
41 Ackermann (wie Anm. 39), S. 37f und 42f.
42 Helmut Ackermann, Gemeinde unter dem Kreuz – eine Legende? In: Monatshefte für Ev. Kirchengeschichte des Rheinlandes 45./46. Jahrgang 1996/1997, S. 49-62.
43 Ackermann (wie Anm. 39), S. 113.
44 Hanns-Joachim Maßner (Hg.), Protokolle der reformierten Gemeinde Düsseldorf, Bd. III 1649-1669, S. 369; Sitzung vom 15. 5. 1667.
45 Iken (wie Anm. 29), S. 160 Anm.
46 Ackermann (wie Anm. 39), S. 117.
47 Iken (wie Anm. 29), S. 269f. Über Lürsen berichtet Carl Krafft (Theolog. Arbeiten III).
48 Mai (wie Anm. 3), S. 144.
49 So Albert Rosenkranz, Unser Neandertaler. In: Monatshefte für Ev. Kirchengeschichte des Rheinlandes, 22. Jg. 1973, S. 114.
50 Hanns-Joachim Maßner, Joachim Neander als Rektor der Lateinschule in Düsseldorf. In: Monatshefte für Ev. Kirchengeschichte des Rheinlandes, Jg. 29/1980, S. 217.
51 Carl Krafft, Die gelehrte Schule in Düsseldorf im 16. Jahrhundert, Programm der Realschule zu Düsseldorf, Düsseldorf 1853, S. 16.
52 Gesamtverband evangelischer Kirchengemeinden in Düsseldorf (Hg.), Johannes Monheim Katechismus 1560. Darin: Helmut Ackermann, Johannes Monheim – eine Einführung. Faksimile-Edition des Vereins für Rheinische Kirchengeschichte Nr. 1, Köln 1987.
53 Maßner (wie Anm. 44) IV., Schriftenreihe des Vereins für Rheinische Kirchengeschichte Nr. 60, Köln 1980, S. 104.
54 Maßner (wie Anm. 44) IV, S. 114.
55 Reitz (wie Anm. 2), S. 46.
56 Maßner (wie Anm. 44) III, Köln 1977, Schriftenreihe des Vereins für Rheinische Kirchengeschichte Nr. 53, S. 10 f.

57 Mai (wie Anm. 3), S. 145.
58 Wortlaut der Immatrikulation, zitiert bei Iken (wie Anm. 29), S. 292: Georgius Hermannus a Bergen Düsselopago Montanus ex schola patria munitus testimonio sui Rectoris Neandri, ad Academiam se hanc contulit, literarum et Philosophiae studio se applicaturus.
59 Albert Rosenkranz (Hg.), Die reformierten Bergischen Synoden III, Schriftenreihe des Vereins für Rheinische Kirchengeschichte, Bd. 27, Düsseldorf 1967, S, 96.
60 Reitz (wie Anm. 2), S. 45.
61 Maßner (wie Anm. 53) IV, S. 125.
62 Pädagogisches Institut der Landeshauptstadt Düsseldorf (Hg.), Dokumentation zur Geschichte der Stadt Düsseldorf – Quellensammlung –, Bd. 5 Die Residenzstadt 1614-1716, S. 336 u. 355.
63 Maßner (wie Anm. 44) IV, S. 130.
64 Maßner (wie Anm. 44) IV, S. 130.
65 Albert Rosenkranz (Hg.), Generalsynodalbuch 1. Teil, Düsseldorf 1966, Schriftenreihe des Vereins für Rheinische Kirchengeschichte Nr. 20, S. 158 f.
66 Goebel (wie Anm. 17), S. 857.
67 Maßner (wie Anm. 44) IV, S. 137.
68 Maßner (wie Anm. 50), S. 224.
69 So Krafft, Joachim Neander. Eine hymnologische Studie. In: Fr. Evertsbusch (Hg.), Theologische Arbeiten aus dem Rhein. Wissenschaftl. Prediger-Verein Bd. 4, Elberfeld 1880, S. 51 ff. Auch Reitz schiebt die Schuld allen andern, nur nicht Neander zu.
70 Iken (wie Anm. 29), S. 119.
71 Iken (wie Anm. 29), S. 289.
72 Iken (wie Anm. 29), S. 290
73 Goebel (wie Anm. 17), S. 857.
74 Maßner (wie Anm. 44) IV, S. 140-143.
75 Zitiert nach Rosenkranz, Unser Neandertaler (wie Anm. 49), S. 117.
76 Reitz (wie Anm. 2), S. 47.
77 Krafft, Joachim Neander (wie Anm. 69), S. 50 ff.
78 Mohr (wie Anm. 11), S. 79.
79 Anhang zu: Christlicher Glaubens=Grund / Das ist: Woher ein Christ die Versicherung in seinem Gewissen bekomme / daß die Heilige Schrift eine Göttliche Offenbarung sey, S. 115-132. In: Johann Melchior, Lehre der Wahrheit und Gottseligkeit / Vorgestellt in Lehr= Buß= Vermahnungs= Gewissens= Trost= Bettags= Vorbereitungs= Nachtmahls= und Feiertags= Predigten, Herborn 1695 (Exempl. LK-Archiv Düsseldorf, G M 25,2).
80 Ackermann, Düsseldorf-Urdenbach, Geschichte der evangelischen Gemeinde und des Ortes, 3. Aufl. Düsseldorf 1993, S. 180f. Ders., Geschichte der evangelisch Gemeinde Düsseldorf von ihren Anfängen bis 1948, Düsseldorf 1996, S. 104, 111f, 112, 179f, 183, 186, 267f, 389, 391, 414ff.
81 Maßner (wie Anm. 44) IV, S. 177 f.
82 Iken (wie Anm. 29), S. 161 Anm.
83 Vollständiger Titel: Lexicon philologicum præcipue etymologicum, in quo latinæ et latinis autoribus usurpatæ tum puræ, tum barbaræ voces ex originibus declarantur comparatione linguarum etc. Bremæ 1623, Fol 4238 Seiten [...] Dieses ist das einzige Werk des Martini, das jetzt noch gesucht wird. (Heinrich Wilhelm Rotermund, Lexikon aller Gelehrten, die seit der Reformation in Bremen gelehrt haben, Zweiter Theil, Bremen 1818, S. 9 Nr. 60). Vgl. Adelbert Natorp, Geschichte der evangelischen Gemeinde zu Düsseldorf, Eine Festschrift zur Einweihung ihres neuen Gotteshauses der Johanneskirche, Düsseldorf 1881, S. 86.
84 Iken (wie Anm. 29), S. 302: Joachimus Neander 1679, 2. Junii.
85 Zitiert nach Mai (wie Anm. 3), S. 158.
86 Reitz (wie Anm. 2), S. 53.
87 Iken (wie Anm. 29), S. 167.
88 Iken (wie Anm. 29), S. 165.
89 Oskar Gottlieb Blarr (Hg.), Joachim Neander, Bundeslieder und Dankpsalmen von 1680, Historisch-praktische Ausgabe mit ausgesetzten Generalbaß, Schriftenreihe des Vereins für Rheinische Kirchengeschichte Nr. 79, Köln 1984, S. 16.

90 Reitz (wie Anm. 2), S. 53.
91 Geglätteter Text nach Reitz (wie Anm. 2), S. 53 ff.
92 Iken (wie Anm. 29), S. 189.
93 Reitz (wie Anm. 2), S. 50.
94 Mai (wie Anm. 3), S. 162f.
95 Matthias Jorissen (1739-1823), Neffe Gerhard Tersteegens, veröffentlichte 1798 seine »Neubereimung der Psalmen«, die Anfang des 19. Jahrhunderts den Lobwasser-Psalter endgültig verdrängte.
96 Walter Blankenburg, Das Kirchenlied von Joachim Neander. In: Ortwin Rudloff (Hg.), Bremer Gesangbücher, Bremer Kirchenliederdichter; eine Veröffentlichung des Ev. Arbeitskreises für kulturelle Fragen (2), Bremen 1981, S. 22.
97 Psalmen Dauids In Teutsche Reymen verständtlich vnd deutlich gebracht [...]. Hg. des Reprints: Gesamtverband der Evangelischen Kirchengemeinden in Düsseldorf. Darin: Oskar Gottlieb Blarr, Ein fast vergessenes Gesangbuch; Helmut Ackermann, Zur kirchengeschichtlichen Einordnung des Düsseldorfer Gesangbuches; Michael Schlosser, Die Stadtbibliothek Bad Windsheim.
98 Mai (wie Anm. 3), S. 166.
99 EG »Beigaben zur Liederkunde« unter »Neander« S. 1572
100 Krafft (wie Anm. 69), S. 96.
101 Der Fürst Ludwig von Anhalt-Köthen unterstützte sie darin. Er war der Großonkel jenes Leopold von Anhalt-Köthen, der J.S. Bachs zeitweiliger Brotgeber war, dem einzigen, bei dem Bach sich wohlgefühlt hat und zu dessen Tod der Thomaskantor von Leipzig aus – aufgeführt am 24.3.1729 – die Trauermusik schrieb, von der drei Wochen später – aufgeführt am 15.4.1729 – neun Nummern in die Matthäuspassion eingingen, zum Beispiel die Tenorarie »Ich will bei meinem Jesus wachen«, ursprünglich »Geh Leopold zu deiner Ruhe«.
102 O. G. Blarr, Lobe den Herren, immer noch? Wie lange noch? Vortrag im Bremer Dom am 31. Oktober 2000.
103 Gegenüber der hin und wieder aufgestellten, sogar von Goebel (wie Anm. 17, S. 323) und Iken (wie Anm. 29, S. 177) übernommenen Behauptung, die editio princeps der Neanderlieder sei 1679 und nicht 1680 erschienen, muß festgehalten werden:
1. Niemand kann berichten, eine 79er Ausgabe gesehen zu haben.
2. Alle sind sich einig, daß 1683 die zweite Ausgabe erfolgte (auf der Titelseite steht »Der zweite Druck. Bremen/Gedruckt bey Hermann Brauer/Anno 1683«).
3. Erwiesenermaßen existiert die Ausgabe aus dem Jahre 1680.
Daraus folgt, daß die Behauptung von der Erstausgabe 1679 falsch ist.
104 Reinhard Vormbaum, Joachim Neander's Leben und Lieder, Elberfeld 1860, S. 32.
105 Wilhelm Goeters in: Th. R. E. 1908 Bd. 20, S. 233.
106 Mai (wie Anm. 3), S. 177.
107 Vormbaum (wie Anm. 104), S. 39 Anm.
108 Vgl. Johannes Zahn, Die Melodien der deutschen evangelischen Kirchenlieder, Bd. 1 Gütersloh 1889, S. 512 Nr. 1912 a-d und Nr. 1913. Bd. 2 Gütersloh 1893, S. 246 Nr. 758. Bd. 6 Gütersloh 1893, S. 261f. Nr. 794 (hier ist die Melodie Strattners abgedruckt).
109 Gotteslob, Katholisches Gebet- und Gesangbuch, 1975, Nr. 258.
110 Gotteslob Nr. 269: In den Strophen 1 und 4 erkennt man den Lobwasser-Psalm 118, Strophe 1, 13 u. 14.
111 Walter Hansen (Hg.), Das große Hausbuch der Volkslieder, München 1978, S. 337
112 Heinz Rölleke (Hg.), Das Volksliederbuch, S. 138
113 Werner Schwipps, Garnisonkirche Potsdam, Berlin-Brandenburg 2001, S. 81 u. 131. In früherer Zeit erklangen in dem 1735 installierten »Carillon« der 1732 errichteten Kirche »von Anfang an zu jeder vollen Stunde ein geistliches, zur halben Stunde ein weltliches Lied. In diesen ersten Jahrzehnten der Kirche wurden die Stundenlieder häufig gewechselt, wie es in Holland, dem Land der Glockenspiele, üblich war« (ebenda, S. 39). Das Glockenspiel erklang nicht nur bei den »Stundenliedern«. Zur Trauerfeier für Friedrich den Großen z. B. wurde das Sterbelied »O Jesu Christ, meins Lebens Licht« gespielt (ebenda, S. 54).
114 ebenda, S.131
115 Mitteilung des Potsdam-Museums der Landeshauptstadt Potsdam vom 30. 5. 2001.

116 Harald Pfeiffer, Joachim Neander – Liedermacher und Tonkünstler, Zum 350. Geburtstag von Joachim Neander, dem Texter und Theoplogen, einst Student in Heidelberg, in: Heidelberger Geschichtsverein (Hg.), Heidelberg, Jahrb. zur Geschichte der Stadt, Jg. 5, 2000, S. 161.
117 Realencyclopädie (RE) Bd. 13, Leipzig 1896, S. 690.
118 Rheinische Post, Düsseldorfer Feuilleton vom 9.5.2001
119 Westdeutsche Zeitung vom 24.5.1997
120 Iken (wie Anm. 29), S. 214, Anm. »So Schiller auf sein eigenes Drama: Die Jungfrau von Orléans«) läßt vermuten, dieses sei ein Zitat aus Schillers »Die Jungfrau von Orléans«. Es ist aber eine Zeile des Gedichtes »Das Mädchen von Orléans« (Friedrich Schiller, Sämtliche Werke Bd. 1 Gedichte, Dramen I, München 8. Aufl. 1987, S. 460).
121 Jürgen Henkys über »Lobe den Herren« in: Geistliches Wunderhorn (hg. u. a. von Jürgen Henkys), München 2001, S. 312
122 Pfeiffer (wie Anm. 116)
123 Luther-Revision 1912.
124 wie vor.
125 Mohr (wie Anm. 11), S. 70 f.
126 Jürgen Henkys, Joachim Neanders »Lobe den Herren« im Zusammenhang seiner Bundeslieder und Dankpsalmen, in: Gemeinsame Arbeitsstelle für gottesdienstliche Fragen der Evangelischen Kirche in Deutschland (Hg.), Arbeitsstelle Gottesdienst 38/2000, S. 40.
127 Vgl. zum folgenden: Kulp/Büchner/Fornaçon, Die Lieder unserer Kirche, Göttingen 1958, S. 361 f.
128 Walter Kolneder, Lübbes Bachlexikon, Bergisch-Gladbach 1982, S. 184.
129 Die Zusammenstellung ist entnommen dem Aufsatz von Siegfried Fornaçon im Jahrbuch für Liturgik und Hymnologie, 2/1956, S. 131 und 133; ferner: Walter Blankenburg, Geschichte der evangelischen Kirchenmusik, Kassel 1965, S. 390.
130 Hier und zum Folgenden: Britta Martini, Lobe den Herren, den mächtigen König der Ehren. Einige sprachwissenschaftliche Aspekte der Textanalyse, in: Jahrbuch für Liturgik und Hymnologie, 38. Bd. Göttingen 1999, S. 245-252..
131 Deutscher Evangelischer Kirchentag 1965. Dokumente. Stuttgart/Berlin 1965, S. 295.
132 Helmut Gollwitzer, Von der Stellvertretung Gottes. Christlicher Glaube in der Erfahrung der Verborgenheit Gottes, München 1967, S. 143 f.
133 ebenda.
134 Reinhard Deichgräber, Handbuch zum EKG III,2, S. 153-155.
135 Henkys (wie Anm. 121), S. 316
136 Des neuverbesserten Kirchen=Gesangbuchs zweiter Theil, Generalsynode der reformierten Kirchen in den Vereinigten Ländern Jülich-Kleve-Berg und Mark, Elberfeld (vor 1838).
137 Evangelisches Gesangbuch, hg. nach den Beschlüssen der Synoden von Jülich-Kleve-Berg und von der Grafschaft Mark, Elberfeld 1865.
138 Singet dem Herrn, Geistliche Lieder 5. Aufl. Basel 1906.
139 Des neuverbesserten Kirchen=Gesangbuchs zweiter Theil, Generalsynode der reformierten Kirchen in den Vereinigten Ländern Jülich-Kleve-Berg und Mark, Elberfeld (vor 1838).
140 Singet dem Herrn, Geistliche Lieder 5. Aufl. Basel 1906.
141 Schalom, Ökumenisches Liederbuch, Lieder – Texte – Grafiken, Gelnhausen/Berlin 1971
142 Des neuverbesserten Kirchen=Gesangbuchs zweiter Theil, a.a.O.
143 Cornelia Kück, Kirchenlied im Nationalsozialismus, Die Gesangbuchreform unter dem Einfluß von Christhard Mahrenholz und Oskar Söhngen (Arbeiten zur Kirchen- und Theologiegeschichte, Begründet von Helmar Junghans... Bd. 10), Leipzig 2003, S. 127ff, Anm. 16 u. 20. Vgl. auch S. 182f, 192, 239f.
144 Hans Prolingheuer, Die »Entjudung« der deutschen evangelischen Kirchenmusik zwischen 1933 und 1945, in: Dietrich Schuberth (Hg.), Kirchenmusik im Nationalsozialismus, Kassel 1995, S. 43. P. behandelt hier einen Aufsatz von Wilhelm Caspari (1932), 1933 gedruckt in »Monatsschrift für Gottesdienst und Kirchliche Kunst«.
145 Lieder der Kommenden Kirche, Bremen 1939, Nr. 71.
146 Evangelisches Militair=Gesang und Gebetbuch, Berlin o.J.; Kirchenbuch für das Königlich Preußische Kriegsheer, Berlin o.J. (vor 1871); Feldgesangbuch für die evangelischen Mannschaften des Heeres, Berlin 1897;

147 Evangelisches Feldgesangbuch, Verlag Ernst Siegfried Mittler und Sohn, Berlin, o.J., Nr. 32, S. 46f.
148 Gotteslob, Nr. 258.
149 Jürgen Henkys, Joachim Neanders »Lobe den Herren«, Arbeitsstelle Gottesdienst 38/2000, S. 37
150 ebenda S. 42
151 Lutherrevision 1912.
152 Cantate Domino, World's Student Christian Federation Hymn, Genf 1951 Nr. 11 (5). Dieses bringt für die erste Zeile der letzten Strophe eine weitere Variante: »Alles was Odem hat, lobe mit Abrahams Samen!« Ferner: Cantate Domino, An ecumenical hymn book, neue Ausgabe, Kassel, Basel, Tours, London 1974, Nr. 108.
153 InterCant, Mehrsprachige Lieder für Christen, Neuhausen-Stuttgart 1978, Nr. 3.
154 Ev. Frauen- und Familienarbeit Berlin-Brandenburg (Hg.), Materialheft zum Frauensonntag »Ich lobe dich mit tausend Namen«, Berlin 2002, S. 18.
155 Christoph Gellner, Schriftsteller als Bibelleser, in: Stimmen der Zeit, 216. Bd., Freiburg 1998, S. 553.
156 Andreas Eitz, Beinahe ein Kirchenvater, Bertold Brecht zum 100. Geburtstag, in: forum religion Heft 1/98, S. 2.
157 Bert Brecht, Gesammelte Werke Bd. 8, Frankfurt (Suhrkamp) 1967, S. 169-263.
158 Eberhard Rohse, Der junge Brecht und die Bibel, Göttingen 1983, S. 521.
159 Zitiert nach E. Rohse, Der junge Brecht und die Bibel, S. 521.
160 Bert Brecht, Gesammelte Werke Bd. 10, Frankfurt (Suhrkamp) 1967, Anmerkungen S, 12 Nr. 442. Die Bezeichnung »Bekenntnischoräle« trifft auf einige zu, in denen Brecht die in seinen Augen laue Haltung der Bekennenden Kirche angreift. Vgl. Rohse, Der junge Brecht und die Bibel (wie Anm. 157), S. 521.
161 Bert Brecht, Gesammelte Werke Bd. 9, Frankfurt (Suhrkamp) 1967, S. 444f.
162 Bartholomeus Vrijdaghs, »Ein Gespräch über Bäume«, Lyrischer Diskurs in finsteren Zeiten, in: Der evangelische Erzieher, Zeitschrift für Pädagogik und Theologie, 42. Jg., Frankfurt/Main 1990, S. 8 bis 15. Vgl. Christoph Gellner, Schriftsteller als Bibelleser, in: Stimmen der Zeit, 216. Bd., Freiburg 1998, S. 554.
163 Suhrkamp (Hg.), Die Gedichte von Bertold Brecht in einem Band, 7. Aufl. 1993, S. 215f.
164 Internet: <www.schule.dinet.de/projekte/religion_98htm>. Die folgenden Angaben hat mir freundlicherweise der Projektleiter, Herr Friedhelm Musga, mitgeteilt.
165 Christoph Gellner, Schriftsteller als Bibelleser, in: Stimmen der Zeit, 216. Bd., Freiburg 1998, S. 554.
166 Zitiert nach: Stephan Füssel, Das Buch der Bücher, Die Luther-Bibel von 1534, (Beiheft »Eine kulturhistorische Einführung«), Köln u. a. 2002, S. 7.
167 Mohr (wie Anm. 11), S. 81.
168 Blarr (wie Anm. 89), S. 63 (Str. 6); vgl. S. 51 (Str. 2 u. 5).
169 S. Blarr (wie Anm. 87). An einer Stelle (S. 36) stimmt die Bibelstelle nicht mit dem Text überein. Es müßte heißen: Hiob 7, 17.18.
170 Geglättete Fassung. Im Original 2. Str., 3. Z.: »der als ein Gotteshasser ging«, letzte Z.: »mit deinem Fuß der Rache«; 4. Str., 3. Z.: »zerknirsche mich«, 5. Z.: »ich kann ja nichtes ohne dich.«
171 Wie vor. 5. Str., letzte Z.: »Wenn Belial noch meiner Seelen tracht.«
172 Wie vor. 2. Str., 3. u. 4. Z.: »denn mein Beten, Singen, Lesen, ach, das ist so schläferig«; letzte Str. 4.-7. Z.: »Prüf in jedem Augenblick meine Nieren und mich schick, schick mich, daß ich wachend stehe.« In dieser Strophe zeigt sich Neanders Anlehnung an Sprache und Gedankenwelt der Bibel besonders deutlich: 1. u. 2. Z. vgl. Hiob 7,18; 3. Z. vgl. Mt. 6,32; 4. Z. vgl. Röm. 8,39; 5. Z. vgl. Ps. 139,23 u. Hiob 7,18; 6. Z. vgl. Jes. 38,1; 7. Z. vgl. Mt. 26,41.
173 Handbuch zum EGK, 2, S. 157. Der Bearbeiter irrt, wenn er mit dem Bild der Quelle (»fließen«) das »beliebte platonische Bild von Gott als der Quelle der Güte« aufgenommen sieht. Neanders Originaltext lautet: »Deine Vaters Güte hast du lassen triefen, ob wir schon von dir wegliefen.«
174 Wie vor. 2. Str., 3. Z.: »auch der Mond und Sternenpracht«; 3. Str., 3. u. 4. Z.: »Wälder, Felder mit dem Vieh zeigen Gottes Finger hie«; 4. Str., 3. Z.: »Donner, Blitz, Dampf, Hagel, Wind«; 5. Str., 3. u. 4. Z.: »durch ihr Rauschen sie auch noch preisen ihren Herren hoch«; 6. Str., 1. u. 2. Z.: »Ach, mein Gott, wie wunderlich spüret meine Seele dich.«

175 Gert Kaiser, Neanderthal. Eine kulturelle Herausforderung, Düsseldorf 1992, S. 21. Vgl. Peter Korn, Nicht nur Knochensammlung. In: Rheinische Post 7.3.1995. Vgl. Rh. P. 28.1.1988.
176 »Sommer= und Herbst=Freud im Feld und Walde.« Blarr (wie Anm. 89), S. 104.
177 Iken (wie Anm. 29), S. 152.
178 Blarr (wie Anm. 89), S. 115.
179 Epigrammatum libri IX. Duisburgii M.DCLIX, pag 263
180 Blarr(wie Anm. 89), S. 91.
181 Stadtarchiv Mettmann.
182 Friedrich Leopold Graf zu Stolberg, Reise in Deutschland, der Schweiz, Italien und Sicilien in den Jahren 1791 bis 92, 1. Bd., S. 20 f. – In der Ausgabe der Originalbriefe, Hg. Jürgen Behrens, Neumünster 1966, steht die ursprüngliche Kurzfassung (S. 274): »Auf dem Wege dorthin, vier Stunden von hier, sind ungeheure Felsen. Durch eine große, sich krümmende Felsenhalle kommt man an einen Abgrund und sieht tief unten zwischen Felsen, die mit Epheu bekleidet und mit Büschen bedeckt sind, die Düssel rauschen. In Deutschland kenne ich nur die Roßtrappe, welche hiermit zu vergleichen wäre, und sie ist nicht einmal so schön wie diese Stelle.« Auch in dieser Kurzfassung ist von Neander nicht die Rede. Der Brief ist an Johann Heinrich Voß gerichtet. Stolberg hat später für seinen Sohn seine Reiseeindrücke in Briefform noch einmal niedergeschrieben. So entstand die im Text zitierte Langfassung aufgrund genauer Tagebuchaufzeichnungen.
183 Carl Krafft (wie in Anm. 47), S. 90.
184 Carl Ludwig Pithan, Das Pflichtmäßige Andenken an würdige Religions=Lehrer. Eine Predigt bey der Amtsniederlegung des Herrn Predigers Johann Wilhelm Janssen. Zweyte Auflage Düsseldorf 1809. Anhang S. 74 Anm **. An dieser Stelle erwähnt Pithan das Wirken Neanders, wobei ihm einige Jahreszahlfehler unterlaufen.
185 Johann Arnold von Recklinghausen, Reformations=Geschichte der Länder Jülich, Berg, Cleve, Meurs, Mark und Westfalen. Zweiter Theil, Elberfeld 1818, S. 491.
186 Hanns-Joachim Maßner (Hg.), Protokolle der Kreissynode Düsseldorf von 1817 bis 1849, Schriftenreihe des Vereins für Rheinische Kirchengeschichte Nr. 36, D'dorf 1970, S. 185 u. 210.
187 Zitiert nach »Medamana«, heimatkundliche Beilage zur Mettmanner und Erkrather Zeitung, 1. Jg. Nr. 2, Dezember 1926. Trotz aller Bemühungen gelang es nicht festzustellen, wo sich das Original des Briefes befindet.
188 Gottfried Heinrich Theophil Christian Petersen, *1786, †1853, Pfarrer in Ratingen 1809-1852, Superintendent 1833-1842 (Rosenkranz II, S. 380)
189 Daniel Friedrich Wittich *1755, †1836, Pfarrer in Mettmann 1777- 1836 (Rosenkranz II, S. 573)
190 Meyers Enzyklopädisches Lexikon Bd. 2, Mannheim 1971, S. 254.
191 Klaus Goebel, Eine romantische Wanderung nach Elberfeld und durch das Neandertal im Mai 1843. Aus dem Tagebuch Mathilde Franziska (Annekes). In: Jürgen Reulecke und Burkhard Dietz (Hgg.), Bergische Forschungen Bd. XIX/1984. Reisen im Bergischen Land II (1750-1910). Mit Kutsche, Dampfroß, Schwebebahn, Neustadt/Aisch 1984, S. 167 ff.
192 ebenda, S.169.
193 ebenda, S. 171 u. 173.
194 Neanderlied »Der nach dem Wasser des Lebens Dürstende«. S. Blarr (wie Anm. 89), S. 30 f.
195 Iken (wie Anm. 29), S. 300.
196 Ralf W. Schmitz & Jürgen Thissen, Neandertal. Die Geschichte geht weiter. Heidelberg und Berlin 2000, S. 29.
197 Iken (wie Anm. 29), S. 147.
198 Heinrich Forsthoff, Eine Zuflucht im Neandertal. In: Jülich-Bergische Geschichtsblätter Bd I, 1922, S. 58.
199 Iken (wie Anm. 29), S. 149 ff.
200 Gerhard Bosinski, Führer durch das Neandertalmuseum, 1962.
201 Zitiert nach: Gert Kaiser, Neanderthal (wie Anm. 175), S. 18 f.
202 Schmitz & Thissen (wie Anm. 196), S. 169.
203 Bärbel Auffermann/Jörg Orschiedt, Die Neanderthaler – Eine Spurensuche, Stuttgart 2002
204 Gert Kaiser (wie Anm. 175), S. 15.
205 Erik Trinkaus, Harvard-University USA, nach: Rhein. Post, 6.1.1979.
206 Professor Dr. Gert Kaiser, Vorsitzender der Stiftung Neanderthal-Museum, in der Begrüßung zur Eröffnung am 10.10.1996.

Abbildungsnachweis

Archiv der Evangelischen Kirche im Rheinland: S. 26, 36
Bongard (wie Anm. 1): S. 9, 23, 90, 93, 97
Düsseldorfer Gesangbuch 1612 (wie Anm. 97): S. 47
Henkys (wie Anm. 121): S. 104
Hofferberth, Michael, Düsseldorf: S. 6
Jahrbuch f. Liturgik und Hymnologie 2/1956: S. 61
Koekoek-Haus, Kleve: S. 86
Maurenbrecher, Walburga (Repro Hans, Krefeld): S. 37
Nanninga, Düsseldorf: S. 33
Neanders Gesangbuch: S. 51, 77, 80, 81, 83, 85, 87
Pohlmann, Karl-Heinz, Monheim: S. 105
Reitz (wie Anm. 2): S. 43, 69
Saebens, Worpswede: S. 19
Schürmann, Manfred: S. 103
Schwipps, Werner: (wie Anm. 113): S. 55, 56, 57
Stadtmuseum Düsseldorf: 29, 37, 39, 89, 91, 95, 99, 101
St. Martini-Gemeinde Bremen: S. 40
Universitätsbibliothek Bremen: S. 15
Verfasser: S. 59, 107
Vogler, Hartmut: S. 27
Wiesner: S. 41

Die Übersetzungen von »Lobe den Herren« (S. 59) sind u. a. folgenden Gesangbüchern entnommen:

Cantate Domino, Ein oekumenisches Gesangbuch, neue Ausgabe, veröffentlicht im Auftrag des Ökumenischen Rates der Kirchen, Kassel, Basel, Tours, London 1974
Dor kommt een Schipp, Plattdüütsch Gesangbook, hg. von der Arbeitsgemeinschaft plattdeutscher Pastoren in Niedersachsen, Hermannsburg 1991
DZIESMU GRAMATA LATVIEŠIEM SVEŠUMA IZDEVUSI LATVIEŠU EV.-LUT. BAZNICAS PARVALDE ZVIEDRIJA STOKHOLMA, 1946
Evangelisches Gesangbuch, Ausgabe für die Evangelische Kirche im Rheinland, u.a. Neukirchen-Vluyn 1996, Lied Nr. 316/7
Liedboek voor de Kerken, 's-Gravenhage 1973
Lieteboek foar de Tsjerken, Boekencentrum de Haach
Norsk Salme Bok, Verbum
Nos chœurs te chantent, Recueil à l'usage des Eglises de la Fédération Protestante de France, Strasbourg, Paris 1979
Spiewnik kosciola ewangelicko-augsburskiego w polskiej rzeczypospolitej Ludowej, Warszawa 1966

Frau Christiane Fuchs (Wuppertat), Pfarrer i. R. Hans Werner Grebenstein (Düsseldorf) und die Vereinigte Evangelische Mission (Wuppertal) haben einige Übersetzungen aus dem afrikanischen Raum vermittelt. Die griechische verdankt der Autor Herrn Pastor Savvas Karipidis (Darmstadt), die japanische Herrn Pastor Masataka Tanabe (Meerbusch), die estnische Herrn Kirchenmusikdirektor Werner Benz und seiner Frau (Bielefeld), die norwegische und friesische Herrn Professor Dr. Jürgen Henkys (Berlin).

Helmut Ackermann im Grupello Verlag

Düsseldorf-Urdenbach. Geschichte der
Evangelischen Gemeinde und des Ortes
576 S. · geb. · 253 teils farb. Abb. · Personen- und
Ortsregister · Kartenbeilage · 3. Aufl. 1993 · € 44,80

Ein Prachtwerk, nicht nur für Historiker ...
Rheinische Post

Geschichte der Evangelischen Gemeinde Düsseldorf
Von ihren Anfängen bis 1948
560 S. · geb. · 251 teils farb. Abb. · Personen- und
Ortsregister · € 29,80

Die Darstellung ... ist in einem gepflegten Stil verfaßt, gut verständlich, ohne Weitschweifigkeit, klar, präzis, sachlich und spannend.
*Monatshefte für Ev. Kirchengeschichte
des Rheinlandes*

Ich bin krank gewesen ...
Das Evangelische Krankenhaus Düsseldorf 1849-1999
Mit einer Karte (Stadtplan Düsseldorf 1866)
235 S. · geb. · 65 Abb. · Pers.- u. Ortsregister · € 14,80

Das Buch ist ein angenehmes Lesebuch, wozu auch die liebevolle äußere Gestaltung beiträgt.
Düsseldorfer Jahrbuch

Rückblick 75
122 S. · Broschur · € 14,80

Sammelband mit teils unveröffentlichten Aufsätzen zu kirchengeschichtlichen Themen.

www.grupello.de